KB069102

악마의 맷돌이 돌고 있어요!

칼 폴라니가 들려주는 신화가 된 시장 이야기

19

경제학자가 들려주는
경제 이야기

고전 속 경제,
교과서와 만나다

칼 폴라니가 들려주는
신화가 된 시장 이야기

악마의 맷돌이 돌고 있어요!

오승호 지음 · 윤병철 그림

|주|자음과모음

　우리는 인간의 이성이 만들어 낸 많은 신화 속에 살고 있습니다. 신화란 무엇일까요? 신화는 논리의 대상이 아니라 맹목적인 믿음의 대상입니다. 따라서 사람들은 신화를 의심하거나 애써 증명하려고 하지 않습니다. 대표적인 예를 들어 볼까요? '1＋1＝2'라는 명제에 대해 의심해 본 적이 있나요? 아마 거의 없을 것 같군요. 과학적인 결과라고 해서 모든 현상을 설명할 수는 없습니다. 다만 과학적인 결과에 대한 믿음을 가지며 우리가 살아가는 것이지요.

　경제학적인 가정에도 이런 신화가 있습니다. 그 신화 중에 우리 사회에 깊이 침투하여 사람들의 머릿속에 무의식적으로 자리 잡은 명제가 있습니다. '인간은 경제적으로 합리적이다', '시장이 경제 문제를 해결할 수 있다' 등과 같은 많은 경제학적 가정이 그것입니다. 이런 경제학적 가정은 특히 수식과 그래프로 표현되기 때문에 사람들은 과학적이라고 신뢰합니다. 이런 과학적 신뢰가 사람들 사이에 신화를 만들어 냅니다.

이러한 신뢰에 대해서 문제를 제기한 사람이 칼 폴라니입니다. 칼 폴라니는 특히 경제 위기 때마다 등장하는 대표적인 사람입니다. 그가 자꾸 등장하는 이유는 아주 단순합니다. 우리가 신화로 믿고 있는 시장이 경제 문제를 제대로 해결해 주지 못하고 있기 때문입니다. 하지만 신화를 외치는 사람들은 시장이 제대로 작동하지 않으니 개혁이 필요하다고 외칩니다. 이 외침은 '시장이 경제 문제를 해결할 수 있다'는 주장을 재확인하는 것이지요.

하지만 이런 외침과는 달리 시장은 경제 문제를 잘 해결해 주지 못하고 있습니다. 경제적으로 잘 성장하던 대한민국은 1997년에 국가 부도라는 위기에 봉착했습니다. 이를 극복하고 끝난 줄 알았던 경제 위기는 2007년 세계적인 금융 위기라는 상황에서 또 등장합니다. 지금도 세계 도처에서 경제 위기 상황이 사라지지 않고 신문이나 방송에 보도됩니다.

이런 경제 위기 상황에서 많은 가정과 국가가 어려움을 겪게 되었습니다. 가정이 해체되기도 했고, 국가는 사회 복지를 후퇴시키기도 했습니다. 이런 위기가 지속적으로 반복된다면 과연 '시장이 경제 문제를 해결할 수 있다'는 가정이 옳은지 의심해 보는 것이 합리적인 일이겠지요.

이런 합리적 의심을 통해 경제적 신화를 극복할 수 있는 새로운 경제적 상상력을 시도해야 합니다. 칼 폴라니는 이런 새로운 상상력을 제공하고 있습니다. 칼 폴라니는 '시장이 경제 문제를 해결할 수 있다'는 주장이 허구라는 점을 증명하는 데 평생을 바쳤습니다.

그래서 그의 주장은 우리로 하여금 새로운 경제적 상상력을 갖도록 합니다. 시장 중심의 신화를 깨고 이를 대체할 수 있는 새로운 경제학을 꿈꾸게 합니다.

경제는 우리의 일상에 중요한 영향을 미치는 독립 변수입니다. 이 변수는 인간의 삶을 유지하고 발전시키는 기능을 수행하는 것이어야 합니다. 오히려 시장이 우리 삶 전체를 지배하고 파괴하는 것이라면 현재 시장을 둘러싼 논리와 의식에 대해서 다시 한 번 생각해 보아야 합니다.

칼 폴라니와의 만남은 시장 중심주의를 합리적으로 의심하고 새로운 경제적 상상력으로 안내하는 길을 제공할 것입니다.

오승호

시장 경제 체제는 가계나 기업 같은 민간 경제 주체들의 자유로운 선택과 경쟁에 의해 자원이 배분되는 경제 체제를 말한다. 시장에서 이들이 자유로운 경제 활동을 하기 위해서는 사적 재산권과 이윤 추구 활동이 보장되어야 하며, 이런 환경 속에서 사람들은 자신의 이익을 극대화하기 위해 최선을 다하게 되고 자원이 효율적으로 활용됨으로써 경제가 발전하게 된다.

| 고등학교 | 경제 | I. 경제 생활과 경제 문제의 이해
　5. 경제 문제의 해결 방식
　　2) 시장 경제 체제의 특징과 보완 제도

II. 경제 주체의 역할과 의사 결정
　5. 정부의 경제적 역할

III. 시장과 경제 활동
　5. 시장 실패 |

가계와 기업만으로 경제가 원활하게 운용되기 어려울 때 정부는 직간접적으로 경제 활동에 개입한다. 사유 재산 제도나 공정 거래 제도 등 여러 가지 법적·제도적 뒷받침을 해 주거나, 직접 시장에 개입하여 자원 배분의 효율성과 소득 분배의 형평성, 경제의 안정과 성장을 위해 여러 가지 정책을 수행하기도 한다.

여러 가지 이유로 자원이 효율적으로 배분되지 못하는 경우를 시장 실패라고 한다. 시장 실패는 외부 효과와 공공재 공급의 부족, 기업의 독과점 등으로 나타난다. 이때 한 개인의 경제 활동이 다른 사람의 이익을 침해하기도 하는데 이를 조정하기 위해 정부가 직접 시장에 개입하기도 한다.

	세계사	칼 폴라니	한국사
1886		오스트리아-헝가리 제국의 수도 빈에서 출생	
1908		'갈릴레이 서클' 초대 의장	동양 척식 주식회사 설립
1909		『우리 이념의 위기』 발표 콜로스바 대학에서 법학 박사 학위 수여	조선은행(현 한국은행) 창립
1914	제1차 세계 대전		
1924		『오스트리아 이코노미스트』 국제 문제 담당 선임 편집자(~1938)	
1929	경제 공황		원산 노동자 총파업
1933	독일, 나치의 집권	영국 망명	
1935		『파시즘의 본질』 출간	
1939	제2차 세계 대전		
1940		미국 베닝턴 대학 객원 교수	대한민국 임시 정부, 광복군 창설
1944		『거대한 전환』 출간	미곡 강제 공출제 실시
1947	트루먼 독트린, 마셜 플랜	컬럼비아 대학 교수	
1957		공저 『초기 제국들의 교역과 시장』 출간	
1960	OPEC 결성	잡지 『공존』 창간 준비	4 · 19 혁명
1964		사망	
1966		유작 『다호메이 왕국과 노예 교역』 출간	GATT 가입
1977		유작 『사람의 살림살이』 출간	

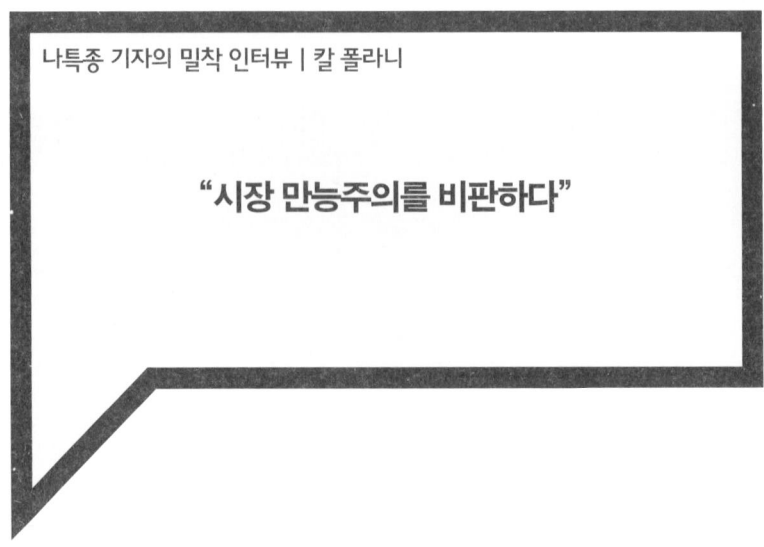

"시장 만능주의를 비판하다"

여러분, 안녕하세요. 오늘은 시장 대체 경제학을 주장하신 칼 폴라니 선생님께서 '악마의 맷돌' 이야기를 들려주실 것입니다. 본격적인 수업에 앞서, 이 자리에 칼 폴라니 선생님을 모시고 간단한 인터뷰를 시작하겠습니다.

안녕하세요, 선생님. 이렇게 뵙게 되어 영광입니다. 먼저 학생들에게 인사한 말씀 부탁드릴게요.

안녕하세요. 저는 시장 중심의 경제를 비판한 칼 폴라니입니다. 우리가 잘 알고 있는 고전적인 시장 중심의 경세 논리는 허구입니다. 여러분이 이런 허구를 극복하고 새로운 경제적 상상력을 가질 수 있도록 이야기를 들려주고 싶어요.

선생님은 오스트리아에서 태어났지만 이후 헝가리와 영국, 미국으로 옮겨가며 활동하셨는데요, 이에 대해 소개를 해 주시지요.

저는 1886년에 오스트리아의 빈에서 태어났어요. 어렸을 적에 부모님을 따라 헝가리로 갔고 부다페스트 대학에 입학하였지만 학생운동 때문에 대학에서 쫓겨나 졸업을 못했어요. 후에 콜로스바 대학에서 법학 박사 학위를 받았지요. 이후 변호사를 했지만 적성에 맞지 않아 정치를 시작했습니다. 헝가리 혁명에도 참여했고, 이후 빈으로 망명해서 『오스트리아 이코노미스트』의 편집자로 일했어요. 저널리스트로 활동하다가 다시 영국으로 망명했고, 영국에서도 계속 저널리스트로 활동하면서 옥스퍼드 대학과 런던 대학에서 노동자 교육을 하기도 했습니다. 1940년부터 미국 베닝턴 대학에서 강의했고요.

> **저널리스트**
> 시사 문제에 대한 보도나 논평 활동 등의 저널리즘에 종사하는 전문인을 뜻합니다.

재미난 경력이시네요. 말씀하신 경력만으로는 경제학과 어떤 관계가 있는지 알 수가 없는데요, 어떻게 된 일인가요?

하하, 그렇지요. 현재의 기준으로 판단하면 이해가 되지 않을 겁니다. 세계 최초로 경제학과를 독립된 학과로 개설한 것은 1903년 케임브리지 대학이었어요. 그런데 제가 부다페스트 대학의 법정 대학에 입학한 게 1904년이었지요. 경제학과 관련해 체계적인 전공이 존재한 시대가 아니었어요. 대학에서 서클 활동하면서 스터디를 많이 했습니다. 법학 외에도 역사학과 사회 과학을 두루 공부했어요. 이 과정에서 마르크스와 사회주의 경제학 등을 공부하게 된 것이지요. 한마

디로 통합적인 공부를 하는 시대에 경제학을 공부한 셈이지요.

그래도 마르크스와 사회주의 경제학은 시장 경제와는 거리가 멀잖습니까?
어떻게 시장 경제에 관심을 가지게 되신 거죠?

제가 공부한 마르크스와 사회주의 경제학은 시장 경제의 문제점
을 인식하는 데 유용했어요. 물론 제가 마르크스주의자는 아닙니다.
제 목적은 시장 경제라는 신화를 부정하는 것이었지요. 그렇다면 시
장 경제를 공부하지 않고 어떻게 대안을 제시할 수 있겠습니까?

아, 그렇군요. 이제 선생님의 저술 이야기로 들어가 보지요. 지금까지도 인
기 있는 책이 『거대한 전환』입니다. 이 책에 대해 간단히 소개해 주시지요.

이 책에서 말하고 싶었던 것은 시장 경제란 도달할 수 없는 유토
피아라는 점입니다. 시장 경제는 유토피아를 제공할 수 없는 내적
모순을 가지고 있어요.

그럼 선생님이 말씀하신 '악마의 맷돌'은 시장 경제를 가리키는 것인가요?

맞아요. 맷돌에서 곡물이 갈려 나오는 것을 연상하여 시장 경제를
맷돌에 비유한 것입니다. 시장 경제에서는 사람들을 공장에 집어넣
고 갈아 버려 그 결과 우리가 필요로 하는 상품도 나오지만, 인간의
삶은 파괴되고 들판과 강에는 석탄이나 쓰레기 더미가 넘쳐난다는
것을 악마의 맷돌에 비유한 것이지요.

결국 시장 경제가 공동체를 해체하고 인간과 자연을 파괴한다는

것을 지칭하는 것이 악마의 맷돌입니다. 따라서 우리는 시장 경제에 대해 올바로 이해할 필요가 있습니다.

시장 경제를 올바로 이해하기 위해서는 어떻게 해야 합니까?

우선 어떤 가정을 근거로 시장 경제를 옹호하는지 이해해야겠지요. 경제적 자유를 강조하는 사람들은 대개 시장 경제를 지지합니다. 이들은 인간이란 이익을 극대화하려는 본성을 지니고 있고, 이 본성 때문에 노동 분

교과서에는

개인의 경제적인 이익 추구를 자유롭게 방임하면 사회 전체의 경제적 번영도 실현된다는 주장을 말합니다.

업을 하고, 노동 분업의 결과로 시장이 발생한다고 말합니다. 하지만 이런 주장은 오류입니다.

인간은 이익을 극대화하는 차원에서만 행동하지는 않습니다. 인간의 행동에는 경제적 동기만으로는 설명하기 어려운 여러 가지 동기들이 있습니다.

예컨대 엄마가 자녀를 위해 간식을 만드는 것이 이익을 극대화하기 위한 것인가요, 아니면 순수한 사랑의 표현인가요? 친구에게 맛있는 것을 나눠 주는 것이 이익을 극대화하기 위한 것인가요, 호의적 차원에서 이루어지는 것인가요? 남녀가 서로를 아끼고 헌신하는 것은 이익을 극대화하기 위해서인가요, 상대방에 대한 애정과 배려에서인가요?

이처럼 인간의 행동 가운데는 이익 극대화 차원에서는 설명할 수 없는 경우가 많습니다.

선생님의 말씀대로라면 시장 경제는 인위적으로 만들어진 것입니까?

그렇습니다. 시장 경제는 인위적으로 만들어진 것입니다. 산업 혁명의 결과로 기계제 생산 방식이 도입되면서 시장 경제가 경제 제도로서 필요했던 것이지요.

그렇다면 시장 경제는 어떻게 만들어진 것인가요?

물건을 대량으로 생산할 수 있는 기계는 매우 크고 가격이 비쌉니다. 큰 기계를 가지고 상품을 만들기 위해서는 큰 공장이 필요하지요. 큰 공장은 농업이나 목축업을 하고 있는 땅에 세워집니다. 그래서 큰 공장을 세우려면 농업이나 목축업을 하던 땅을 먼저 구매해야 하지요.

그리고 기계를 가지고 생산하기 위해서는 옆에 사람이 붙어 있어야 합니다. 따라서 농업이나 목축업에 종사하던 사람들을 공장으로 불러 모으게 되고, 사람들이 떠난 땅은 다시 공장 부지로 또 다른 거래가 이루어지게 됩니다.

> **부지**
> 건물을 세우거나 도로를 만들기 위하여 마련한 땅을 말합니다.

이렇게 비싼 기계를 사용해 만든 물건을 자유롭게 팔아 안정적인 생산 활동을 유지하기 위해서는 돈이 활발하게 유통되어야 했습니다.

이런 필요에 의해서 노동, 토지(자연), 화폐(자본)를 시장에서 거래할 수 있는 상품으로 만든 것입니다.

지금은 이들을 가리켜 '생산 요소'라고 부르지요? 그동안 많은 경제학자 분들과 인터뷰를 하다 보니 경제 용어가 낯설지 않네요, 하하.

네, 맞습니다. 바로 이 생산 요소가 거래되는 시장을 '생산 요소 시장'이라고 부르지요. 하지만 생산 요소 시장은 상품이 아닌 것을 상품으로 만들어 낸 시장입니다. 상품은 생산된 것을 말합니다. 그런데 노동, 토지, 화폐는 생산된 것이 아니기 때문에 상품이 아닙니다. 따라서 노동, 토지, 화폐는 허구적 상품입니다.

사실 이런 생산 요소 시장이 만들어지지 않았다면 시장 경제는 있을 수 없습니다. 생산물만 교환하고 거래하는 것은 시장 경제가 만들어지기 이전에도 있었답니다.

이처럼 시장 경제는 생산 요소 시장과 생산물 시장을 결합시킨 것을 말합니다.

시장 경제는 인위적으로 만들어진 것이군요. 이런 시장 경제가 자기 스스로 작동해서 문제를 해결할 수 있다면 별문제 없지 않은가요?

시장이 자기 스스로 조정을 한다는 가정은 허구입니다. 그런 가정은 기계제 생산을 통해서 이익을 극대화하려는 사람들이 만들어 낸 것이지요. 시장 경제가 나타나기 전에는 노동이나 토지가 정치 제도, 신분 제도, 종교 제도, 사회 규범 등의 지배를 받는 것이었습니다. 그래서 시장에서 거래한다는 것은 생각하지도 못했습니다.

노동이나 토지를 자유롭게 거래하기 위해서는 정치 제도, 신분 제도, 종교 제도, 사회 규범 등이 시장 경제에 간섭하지 못하도록 해야 합니다. 그래서 전혀 간섭받지 않는 자기 조정 시장이라는 것을 주장한 것이지요.

시장 경제가 도입된 이후에 시장은 스스로 자기 조정을 하지 못했나요?

자기 조정적 시장은 완전히 실현되지 못했고요, 시장 경제는 계속 정치 제도, 사회 규범 등에 의해서 제한을 받기도 했습니다. 그리고 만약에 이런 제한이 없었다면 시장 경제로 인해 인간과 자연은 남아나는 게 없었을 거예요.

자기 조정적 시장이라는 시장 경제에 대응하여 노동을 보호하고 자연을 보호하기 위한 법들이 만들어졌습니다. 이 법들이 만들어질 때 계급 간의 갈등이 심화되기도 했어요. 하지만 이런 갈등은 정치 과정을 통해서 법을 만드는 것으로 해결해 왔지요.

시장이 스스로 자기 조정을 못한 예는 또 있습니다. 1931년부터 1933년 사이에 세계 경제 공황이 발생했어요. 그때 그 문제를 어떻게 해결했나요? 정부가 개입해서 해결했지요. 1997년에 발생한 한국의 외환 위기도 그렇고, 최근에 발생한 2007년 세계 금융 위기의 상황에서도 시장이 스스로 문제를 해결하지 못했잖아요.

현재 시장 경제는 스스로 문제를 해결하지 못하고 상시적으로 경제 위기를 초래함으로써 사람들과 자연을 파괴하고 있습니다. 사람들은 일자리를 찾고 돈을 버는 데 많은 시간을 투자하고 있습니다. 실업이나 기업의 도산은 가정 해체를 유발하기도 합니다. 또한 대량 생산과 대량 소비로 자원이 낭비되고 환경은 오염되었습니다.

시장이 스스로 자기 조정을 못하는 이유는 무엇인가요? 시장에 그대로 맡겨 두지 않아서 발생하는 일들이 아닌가요?

아닙니다. 시장이 스스로 자기 조정을 못하는 건 시장이 가지고 있는 내재적 모순 때문입니다. 이런 내재적 모순은 상품으로 만들어서는 안 되는 생산 요소들을 상품으로 만들었기 때문에 발생했고요. 허구적 상품을 만들어 인간과 자연을 파괴한 것이지요.

이런 파괴에 대한 사회적 저항은 너무도 당연한 현상이에요. 만약 이런 저항이 없었다면 인간과 자연은 남아나지 못했을 것입니다. 그

나마 저항했기 때문에 인간과 자연이 현재 수준 정도라도 유지할 수 있는 것이지요. 사회의 정치적 규제나 통제가 없었다면 이마저도 불가능했을 것입니다.

따라서 개혁을 통해 시장 경제를 더 자유롭게 방임하자는 주장은 인간과 자연을 더 파괴하자는 주장이 될 뿐입니다.

하지만 시장 경제라는 경제 제도가 인류에게 풍요로움을 제공해 주었다는 사실은 부정할 수 없을 것 같습니다.

물론 시장 경제는 사람들이 필요로 하는 상품을 풍족하게 제공해 주었습니다. 하지만 시장 경제는 사회 제도 중의 하나인 경제 제도가 해야 할 역할을 제대로 못하고 있습니다.

경제란 생산과 분배를 의미합니다. 제도란 사람들로 하여금 예측 가능한 행동을 할 수 있도록 해 줘야 하고 그 결과 안정감을 제공하는 것이어야 합니다.

하지만 현재 시장 경제라는 경제 제도는 사람들의 삶을 피폐하게 만들고 자연을 훼손시키고 있습니다. 또한 반복되는 경제 위기 때문에 사람들이 불안해하고 있지요.

그렇다면 우리는 어떤 노력을 해야 하는지 마지막으로 한 말씀 해 주시지요.

시장이 스스로 문제를 해결할 수 있다는 자기 조정적 시장은 시장 경제가 인위적으로 만들어 낸 허구입니다. 이런 허구를 타당한 것으로 인식하는 사회적 경향이 있습니다. 이로 인해 시장 경제에 사회의 통제를 가하지 않고 그냥 내버려 두는 게 좋다는 자유방임의 사고가 힘을 얻게 되었습니다.

그 결과 인간과 사회의 유지와 존속에 봉사하는 제도 중 하나에 불과했던 경제가 현재는 사회의 모든 영역에 영향을 미치고 인간의 삶을 지배하고 있습니다. 평범한 개인들은 시장에서 노동을 팔지 않고서는 음식, 옷, 집, 자동차, 가방, 텔레비전, 컴퓨터, 스마트 폰, 세탁기, 청소기, 각종 서비스 등을 구입할 수 없으니 항상 실업을 걱정해야 하지요. 효도도 취업하지 못하면 하기 어렵게 되었습니다.

문화도 산업이라는 측면으로 접근하는 경향들이 생겨났습니다. 돈이 안 되면 유익한 콘텐츠를 생산하기 어렵습니다. 선거도 자금이 충분해야 승리할 수 있습니다.

정부도 경제 성장을 위해 노력하고 있습니다. 예산이 없으면 정부도 일을 제대로 할 수 없습니다. 교육도 개인적으로는 취업, 국가적으로는 경제 성장에 기여해야 하는 것으로 취급되고 있습니다.

이처럼 시장 경제 아래서는 경제가 개인의 일상과 문화, 정치를 결정할 수 있는 힘을 가지게 되었습니다. 시장 경제가 등장하기 전에는 그렇지 않았습니다. 경제는 사회의 유지와 발전에 기여하는 것이었지요.

경제는 사회의 일부분으로서 인간과 사회를 지배하는 것이 아니라 기여하는 것이어야 합니다. 인간과 사회에 기여하도록 하기 위해서는 경제가 사회 제도 중의 일부로 다시 들어와 사회적 통제를 받아야 합니다.

따라서 우리는 시장 경제를 통제하여 경제가 본연의 역할을 수행하도록 해야 합니다. 이를 위해서는 시장 경제가 만들어 내는 사회적 인식을 극복할 수 있는 경제적 상상력이 필요합니다.

선생님의 말씀을 들으니 시장 경제의 문제점에 대해서 더욱 깊이 알고 싶어지네요. 이어질 수업이 정말 기대됩니다. 유익하고 소중한 말씀 대단히 감사합니다. 지금까지 나특종 기자였습니다.

시장 경제의 탄생

'악마의 맷돌'로 불리는 시장 경제는 역사 속에서 필연적으로 등장한 게 아니라 산업 혁명의 결과로 발생한 우연한 경제 제도입니다. 시장 경제 체제가 형성되기 전에도 시장은 존재했지만 자본주의 시대와 같은 모습은 아니었어요. 그렇다면 현재의 시장 경제는 어떻게 성립된 것인지 그 과정에 대해 살펴봅시다.

수능과 유명 대학교의 논술 연계

2009년 수능 세계사 4번

시장 경제는 자연적으로 생겨난 것일까?

일상생활에서 우리는 많은 물건을 필요로 합니다. 먹거리, 입을 옷, 신고 다닐 신발, 공부하기 위한 책, 여가 생활을 위한 스마트 TV, 친구들과 대화하기 위한 스마트 폰 등, 생활에 필요한 수많은 물건들을 혼자서 다 만들기는 어렵습니다. 또 각자의 재능이 모두 다르기도 하고요. 그래서 우리는 각자 타고난 재능을 고려하여 자신이 잘할 수 있는 일을 해서 먹거리, 옷, 신발, 책, 컴퓨터, 스마트 TV, 스마트 폰 등을 만듭니다. 만약 먹거리를 생산하는 사람이라면 생산한 먹거리를 내다 팔아 얻은 돈으로 필요한 물건을 구입해야 합니다. 소득이 있고 이런 물건들이 필요하다면 우리는 언제나 자유롭게 시장에서 이 물건들을 구입할 수 있습니다. 그렇다면 이런 시장은 어떻게 만들어졌을까요? 자, 그럼 여기서 시장 경제가 자연스럽게 발생하는 것이라는 사람들의 얘기를 한번 들어 볼까요?

인간은 이익을 극대화하려는 본성을 가지고 있기 때문에, 각자 분업을 하여 만든 물건을 서로 필요로 하는 물건으로 교환하는 과정에서 시장이 자연적으로 발생했다고 합니다. 예컨대 신발을 잘 만드는 사람이 있다고 합시다. 이 사람은 다른 일을 할 수도 있지만 신발을 최대한 많이 만들어 팔아서 그 돈으로 자신에게 필요한 먹을 것, 입을 것, 가전제품 등을 구입하는 것이 이익을 극대화하는 데 유리하다는 것입니다.

우리의 일상을 한번 보세요. 사람들은 일하고 받은 임금으로 생필품, 전자 제품, 자동차 등을 구입하고 있지요. 이처럼 우리가 일상에서 필요로 하는 물건 대부분을 시장에서 구입하고 있어요. 즉, 일상에서 필요로 하는 상품들을 혼자서 생산하여 소비하지 않고, 일한 대가로 받은 돈으로 구매하는 시장 구조 속에서 살아가고 있는 것이지요. 그렇다면 이런 시장 속 생활 구조가 자연스럽게 발생한 현상일까요?

현재 여러분들이 일상에서 경험하고 있는 시장 경제는 산업 혁명으로 등장한 경제 제도입니다. 산업 혁명이 발생하면서 기계제 생산 방식이 도입되었습니다. 물론 그 전에도 생산을 위한 도구는 있었지요. 예컨대 삽이 하나 있어요. 이때의 삽은 농사를 짓기 위해 땅을 파는 도구이기도 하지만 땅에 묻혀 있는 작물을 수확하기 위해 사용되기도 합니다. 또한 땅을 다지고 두드리는 데에도 사용되고 말뚝을 박을 때 활용되기도 합니다. 이렇듯 도구는 인간이 원하는 작업에 부수적이면서 다양한 기능을 수행하는 것입니다.

그런데 산업 혁명 이후 기계제 생산에서는 도구인 기계 자체가 물건을 생산합니다. 인간은 옆에서 기계를 보조하는 역할로 전락한 것이지요. 그리고 그 결과 전국, 전 세계에 팔 만큼 물건을 생산할 수 있는 능력을 가지게 되었습니다.

예를 들어 우리나라의 모 전자 회사는 전 국민과 전 세계인들에게 팔 만큼 컴퓨터를 생산할 수 있답니다. 이런 전자 회사에는 생산된 컴퓨터를 최대한 팔아 지속적으로 생산 활동을 할 수 있는 제도가 필요하게 되지요. 그래서 인위적으로 만들어진 경제 제도가 시장 경제입니다.

이런 시장 경제가 유지되기 위해서는 물건을 생산해서 파는 사람들이 땅을 구해 공장을 세우고 일할 사람을 모아 물건을 생산하는 데 필요한 화폐를 자유롭게 거래할 수 있어야 합니다. 따라서 시장 경제에서 말하는 시장은 단순히 생산된 상품을 사고파는 시장만을 의미하지 않습니다. 시장 경제는 생산되지 않은 노동, 자연(토지), 화폐를 상품으로 만들어 시장에서 거래되도록 하지 않는다면 성립할 수 없는 경제 제도입니다.

그렇다면 시장 경제가 경제 제도가 되기 이전에는 시장이 어떤 모습이었을까요? 시장 경제가 나타나기까지 시간 여행을 떠나 볼까요?

중세 이전의 시장은 어떤 모습이었을까?

원시 사회부터 중세 이전에도 교환 행위는 있었습니다. 이때 교환 행위를 하는 곳이 시장이지만 이것은 현대 사회의 시장과는 그 성격부터 다릅니다. 이 당시의 사람들은 자신들이 필요로 하는 물건 대부분을 스스로 생산하고 소비하였습니다. 즉 자급자족의 경제였지요. 그래서 지금처럼 사회가 분업화되어 있지도 않았답니다.

교환의 대상이 되는 물건들은 자신들이 가지고 있지 않은 것들이었으며, 물건 교환은 주로 지역과 지역 간에 이루어졌습니다. 예컨대 소금이 특산품인 지역 사람들은 자신들의 특산품인 소금을 소금이 나지 않는 지역에 주고 자신들이 필요로 하는 철기를 가져오는 식이지요. 그리고 이것을 어떻게 나누어 줄 것인지에 대해서는 그 지역의 정치·종교·신분 등과 같은 사회 제도에 따라 결정이 되었습니다. 물론 소금의 생산도 이런 제도에 의해 대개 결정되었습니다. 예전에 〈주몽〉과 같은 역사 드라마를 보면 이런 장면들이 등장하지요.

이런 지역 간의 물건 교환, 즉 무역이 이루어진 곳이 시장으로, 시장은 이처럼 그 지역의 바깥에 있었습니다. 지금과 같이 시장 속에서 우리가 생활하는 것이 아니었어요. 시장은 우리의 생활 밖에 존재하는 것이었고, 그 지역에 없는 물건을 구하기 위해 교역을 하는 장소였습니다.

그럼 지역 안에는 시장이 전혀 없었을까요? 지역에도 시장은 있었어요. 하지만 우리 생활의 한 부분이 되어 버린 현재의 시장 모습과는 많이 달랐답니다.

여러분은 '장날'이라는 말을 들어 보았나요? '장날'은 어떤 지역에 시장이 열리는 특정한 날을 말합니다. 당시의 시장 모습을 머릿속에 그려 보기 위해 지금도 농촌이나 시골 등에 남아 있는 '장날'을 잠시 떠올려 보지요. 현재 장이 서는 '장날'은 도시에서는 거의 찾아볼 수 없고 농촌 지역이나 지방에서 볼 수 있습니다. '5일장', '10일장', '보름장' 등이 있지요. 장날에 시장에 구경 가 보면 마치 축제와 같은 분위기입니다.

더 거슬러 올라가 볼까요? 고려 시대에 '팔관회'라는 행사가 있었습니다. '팔관회'는 불교와 관련된 국가적 행사였지만 해외에서 많은 사람들이 고려에 와서 필요한 물건을 교환해 가기도 하였습니다.

> **팔관회**
> 토속신에게 제사를 지내던 의식으로 술과 다과를 준비해 나라와 왕실의 안녕을 빌었습니다.

이와 같이 당시의 시장은 그 지역 사람들이 최대한 한 자리에 모이는 종교적 행사나 지역적 축제가 이루어질 때 자신들이 필요로 하는 물건을 서로 교환해 가는 곳이었습니다. 즉 평소에는 각자 필요한 것을 만들어 생활하고, 그 지역의 종교적 · 정치적 행사 등이 있을 때 사람들이 자신에게 필요한 물건을 교환해 가는 곳이 시장이었습니다.

이처럼 지역의 시장도 현재와 같이 생활 전체가 시장과 관련 맺고 있는 것이 아니라, 단지 지역의 관습 · 종교 · 정치 등과 같은 사회 제도의 결과로 나타나는 현상이었어요.

보다시피 시장이 먼저 생긴 것이 아니라 교역이 먼저 있었습니다.

지역 간에 서로 직접 상품을 주고받다가 교역을 위한 시장이 만들어진 것이었지요. 이런 교역을 위해서 시장이 반드시 필요했던 것도 아니었고요.

또한 지역의 물건을 최대한 생산해서 팔아 이익을 얻기 위해 교역을 했던 것도 아니었습니다. 지역에 없는 물건을 구하려는 것이 목적이었지요. 이런 점에서 지역 시장과 대외 시장은 서로 보완적 관계에 있었어요. 지역에 없는 물건을 구하려 할 때 대외 시장이 의미가 있는 것입니다.

이처럼 각 지역은 자신들의 정치, 종교, 관습에 따라 경제, 즉 생산과 분배를 처리하였습니다. 이런 사회에서는 지금처럼 노동이나 자연(토지)이 거래되는 시장은 없었습니다.

중세의 시장과 도시

중세 이전의 사회와 달리 유럽의 중세 사회는 봉건 제도와 길드 체제를 가지고 있었답니다. 이런 사회에서 토지와 노동은 시장에서 거래되는 상품이 아니라 정치나 신분 제도에 묶여 있었습니다. 화폐는 아직 경제의 중요한 요소로 발전하지 못했고요.

　　봉건 제도를 유지하는 데 가장 중요한 원천은 토지입니다. 토지는 오늘날처럼 부동산 시장에서 거래되는 대상이 아니었어요. 왕이나 황제가 토지를 영주에게 나누어 주고, 영주는 이 땅을 기반으로 자신의 영역을 관리하였습니다.

　　이런 영주는 직접 농사를 짓고 생산을 하지 않았습니다. 농노 신분의 사람들이 농사를 대신 지었지요. 농노는 농민도 아니고 노예도 아닙니다. 가족의 생계유지를 위해 토지를 제공받은 자립적인 농민이었지만, 영주의 땅에 자신의 노역을 제공해야만 하는 의무를 지고 있었어요. 그래서 신분적으로 영주에 강하게 예속되어 있었지요. 이처럼 토지와 인간의 노동은 시장에서 거래되는 것이 아니라 그 당시

봉건 제도
왕과 영주, 영주와 농노 사이의 지배·예속 관계를 기초로 만들어진 생산 체제를 말합니다.

길드 체제
종교적 또는 직업적 이해 관계에 의해 만들어진 중세 유럽의 조직입니다.

의 정치 제도 등과 같은 사회 제도에 의해 그 가치나 기능이 결정되었답니다.

이런 농촌 지역에서는 생산된 물건이 거래되는 시장이 활성화되지 않았습니다. 농업이 중심이었기 때문에 농촌 사회는 분업화되어 있지도 않았습니다.

시장이 활성화되기 시작한 곳은 주로 도시였습니다. 이런 도시를 지배하는 사회 제도가 길드 체제였습니다. 길드 체제가 지배하는 도시에서는 공업이 발달하였습니다. 길드는 종교적 혹은 직업적 이해관계를 확보하기 위해 형성된 사회 조직이었습니다. 예컨대 종교적 길드, 상인 길드, 장인 길드, 교수와 학생으로 구성되는 길드 등이 있었습니다. 이 중 도시의 공업과 관련되는 길드는 상인 길드와 장인 길드입니다. 이런 길드에서는 일정한 심사를 거쳐 회원을 뽑았고, 비회원에 대해서는 배타적이었습니다.

상인 길드는 12세기와 13세기에 번창하다가 장인 길드가 생기면서 쇠퇴하였습니다. 장인 길드는 장인들의 조합이었습니다. 각 장인들은 휘하에 도제와 직공을 거느리고 있었습니다. 그 결과 도시의 공업은 주로 장인 길드가 맡아서 관리하였습니다. 장인 길드에서는 뛰어난 생산 능력을 보유하고 있는 장인, 기술을 가르치는 제도, 기술을 배우고자 하는 초심자들의 수, 직공의 임금 등 모든 것이 길드와 도시의 관습 및 규칙의 규제를 받았습니다. 따라서 중세 도시에서 현재와 같이 노동이 시장에서 자유롭게 거래되지는 않았습니다.

교역은 주로 도시에서만 이루어졌답니다. 농촌 지역은 여전히 자

급자족적인 경제였기 때문에 교역이 크게 필요 없었어요. 교역은 길드 체제로 조직된 소도시에서 주로 이루어졌습니다.

이렇게 조직화된 도시는 대외 거래에서 폐쇄적이었을까요? 아니면 개방적이었을까요? 당시 도시는 농촌에 비해 군사적으로 힘이 강한 지역이었습니다. 그래서 농촌을 자신들 마음대로 통제할 수 있었어요. 하지만 외국인들에 대해서는 마음대로 통제할 수 없어서 대응 방식을 달리했답니다. 농촌과는 편하게 상품을 교역했지만, 외국이 지역에 들어오는 것은 최대한 막고 자신들의 물건을 팔기 위해서 노력을 했습니다.

이처럼 도시는 지역 시장과 대외 시장을 서로 연결하지 않았어요. 대외 거래를 제한하여 지역적 교역을 보호하는 방식을 취하였습니다. 이것은 해외의 자본이 들어오는 것을 막아 자신들의 전통적인 제도를 보호하기 위한 반작용이었다고 할 수 있어요.

또한 도시는 전국적 시장의 형성을 억제하였습니다. 농촌 지역이 도시에 편입되는 것을 막고, 도시를 개방하여 무차별적으로 농촌과 교역이 이루어지는 것을 최대한 막았어요.

이처럼 중세 시대에도 교역이 이루어지는 장소로서 시장은 제한된 범위에서만 존재하였어요. 다만 도시를 중심으로 지역 시장과 원거리에 있는 대외 시장이 허용되었답니다. 아직 전국적 단위의 시장은 형성되지 않았어요. 당시에는 국가도 농촌과 도시가 느슨하게 연결되어 있는 공동체에 불과했어요. 국가가 막강한 권력을 행사하여 농촌과 도시를 강하게 통제하거나 조종할 수 없는 상황이었지요. 그래서 전국적 단위의 시장은 중상주의 국가가 되면서 나타났답니다.

중상주의
16세기 말부터 18세기에 걸쳐 유럽을 지배한 경제 정책입니다. 나라의 부를 늘리기 위해 상업을 중요시하고, 수출 산업을 육성하여 무역 차액으로 자본을 축적하려 하였습니다.

중상주의 국가의 시장

이처럼 중세 도시의 시장은 중상주의 국가가 들어서면서 변화를 맞게 됩니다. 그동안 분리되어 있던 지역 시장을 전국적 시장으로 만들게 되지요.

15세기와 16세기가 되면서 영토를 기반으로 하는 강력한 중앙집권적 국가가 등장하게 됩니다. 이 국가는 넓은 영토와 많은 국민을 통치하기 위해서 관료 조직을 필요로 하게 되지요. 또한 대규모의 군대도 필요하게 되었어요. 이런 관료 조직과 군대를 유지하기 위해서는 많은 재원을 필요로 합니다. 따

중상주의 정책의 절정기였던 1638년의 프랑스 항구의 풍경

라서 국가 입장에서는 재원을 확보하기 위해 상업과 무역을 확대시켜야만 했습니다.

그래서 이제 국가는 상업을 장려하고 통제합니다. 동시에 외국인이 국경에서 마음대로 다니지 못하도록 하고, 외국 물건이 영토를 넘어올 경우에는 관세를 부과하여 재원을 확보하려고 합니다. 이런 국가가 중상주의 국가입니다.

중상주의 국가는 많은 재원을 확보하기 위해서 우선 중세 도시의 폐쇄성을 없애 버립니다. 그리고 농촌과 도시, 도시들 사이의 구분을 점차 없애고 전국적 시장을 형성합니다. 폐쇄적인 중세 도시를 유지하는 데 기여했던 길드 체제도 전국적인 규칙을 마련함으로써 국가 내에서 거래가 활성화되도록 하였습니다.

이처럼 중상주의 국가는 상업을 장려하고 시장 경제가 발전할 수 있는 토대를 마련하였습니다. 하지만 이것으로 시장 경제가 완전히

정착되었다고 볼 수는 없습니다. 왜냐하면 중상주의 국가에서도 역시 노동·토지·화폐의 거래가 자유롭게 발생하는 시장이 만들어지지는 않았기 때문입니다.

따라서 중상주의 국가의 전국적 시장이 시장 경제를 의미하는 것은 아닙니다. 시장 경제는 노동이 거래되는 노동 시장, 자연이 거래되는 토지 시장, 화폐가 거래되는 화폐 시장을 필요로 하기 때문입니다.

중상주의 국가는 국내 산업의 발전에 모든 관심을 쏟았어요. 그래서 상업을 장려하였지만 농업도 중하게 여겼습니다. 토지와 노동과 관련된 전통적 조직을 바꿔 상업화하는 것에 대해서는 고려하지 않았답니다. 예를 들어 영국에서는 노동을 조직하는 전국적 규칙인 1563년의 '도제 조례(Statute of Apprentices)'와 1601년의 '구빈법(Poor Law)'에서 노동력을 매매하는 것을 억제하였답니다. 여전히 자급자족을 위주로 하는 농가 경제 체제의 기초였고, 상업은 보완적인 역할을 하는 단계였습니다. 전국 시장이 형성되었지만 지역 시장과는 분리되어 있었습니다. 대외 시장에 대해서는 보호 무역 입장을 취하였습니다. 그 결과 전국 시장, 지역 시장, 대외 시장 등이 서로 상당히 고립되어 병존하는 상황이었습니다.

이와 같이 중상주의 국가 역시 봉건제 시대의 국가와 유사한 입장이었어요. 다만 봉건제 국가에서는 도시와 농촌 지역의 관습이나 전통으로 시장을 규제했다면, 중상주의 국가는 법과 명령을 더 선호

도제 조례
살 곳이 정해지고 노동 의무가 지워진 사람들에게 노동 연한과 규율 등을 정해 놓은 것입니다.

구빈법
노동 능력의 유무를 기준으로 빈민을 세 종류로 분류하여 그에 상응하는 대책을 세웠습니다.

하였다는 점에서 다릅니다.

산업 혁명과 악마의 맷돌

이처럼 중상주의 국가가 시장 경제를 등장시킬 수 있는 원천을 제공하긴 했습니다만 이 시대에 시장 경제가 실현된 것은 아닙니다. 시장 경제는 18세기 중엽에 시작된 산업 혁명을 계기로 기계제 생산이 이루어지면서 본격적으로 등장하였습니다.

기계의 발명을 특징으로 하는 산업 혁명이야말로 시장 경제를 낳은 원인이었습니다. 산업 혁명으로 나타난 대규모 생산 방식은 노동·토지·화폐를 거래하는 시장을 반드시 필요로 합니다. 이런 생산 요소들을 거래하는 시장이 바로 생산 요소 시장이었습니다. 이런 생산 요소 시장과 생산물 시장을 모두 포함하는 것이 바로 시장 경제입니다.

물론 오랜 인류의 역사에서 산업 혁명 이전에도 기계는 존재하였지요. 하지만 산업 혁명은 인간의 사회 조직에 큰 변화를 주는 기계의 시대가 왔음을 뜻합니다.

18세기만 하더라도 산업은 상업을 위한 부속물에 불과하였습니다. 당시에는 상인들이 수공업자들에게 자신들이 원하는 물건을 주문하고, 물건 만드는 데 필요한 재료와 도구들을 빌려 주는 방식이었습니다. 이런 생산 방식을 선대제라고 부릅니다. 이때의 기계는

산업 혁명을 이끈 와트 증기 기관의 등장으로 대량 생산이 시작되었습니다.

수공업자들의 다양한 일을 수월케 하는 다목적 기능을 지닌 도구에 불과했답니다.

이런 생산 방식은 경기 불황이나 생산에 필요한 원료가 제대로 공급되지 않는다고 해서 상인들에게 큰 피해를 주지 않았습니다. 그 규모가 매우 작았고, 생산된 물건을 신속하게 팔아야 할 정도가 아니었기 때문입니다. 그때그때 물건을 적절하게 생산해서 팔면 되었으니까요. 이처럼 생산과 판매의 관계가 긴밀하지 않고 서로 분리되어 있는 상황이었습니다.

그런데 산업 혁명으로 인한 기계제 생산 방식에서는 상황이 완전히 달라집니다. 사람의 손이 가야만 만들 수 있는 옷을 기계가 만들어 냅니다. 사람은 기계 옆에서 버튼을 누르거나 간단한 확인만 하면 됩니다. 이런 기계는 매우 크고 가격이 비쌉니다. 이런 기계를 가지고 생산하려면 넓은 공장을 지어야 합니다. 그 결과 많은 돈을 들여 공장을 짓고 기계를 사서 생산을 할 수 있는 산업 자본가가 등장하게 되었습니다.

산업 자본가들은 생산을 하기 전부터 많은 돈을 써서 공장을 짓고 그 안에 비싼 기계를 채워 넣었지요. 기계를 채워 넣은 후에는 기계 옆에서 일할 사람들을 고용해야 합니다. 이 사람들이 바로 노동자입니다. 노동자들이 기계를 움직여 물건을 대량으로 생산하게 됩니다.

자, 여기에서 여러분은 산업 자본가들이 상품을 생산하기 위해 필요로 하는 생산 요소를 발견하게 됩니다. 무엇일까요? 그렇지요. 기계를 사고 지속적인 투자를 하는 데 필요한 돈, 기계를 사용하여 지속적으로 물건을 생산하기 위해 필요로 하는 땅, 공장에서 기계를 사용하여 물건을 생산할 수 있는 사람이지요. 이러한 세 가지가 바로 생산 요소입니다. 그래서 생산 요소라고 하면 화폐와 토지와 노동을 말합니다.

여러분은 산업 자본가들이 상품 생산을 위해 필요로 하는 세 가지 생산 요소를 알게 되었습니다. 이제 여러분이 상상력을 발휘해 볼 시간이 되었습니다. 산업 자본가들이 무엇을 안정적으로 공급받으면 별문제 없이 지속적으로 생산을 할 수 있을까요? 그렇지요. 바로 노동·토지·화폐라는 생산 요소입니다. 그래서 산업 혁명의 진행 과정에서 노동·토지·화폐 시장이 인위적으로 만들어지기 시작했습니다. 토지와 노동에는 시장 가격이 매겨지면서 각각 임금과 지대라고 불렸습니다.

노동 시장이 형성되면서 등장한 이가 임금 노동자입니다. 이제 이들의 생존은 임금에 달려 있게 되었습니다. 기업은 많은 기계를 보유하고 이윤을 극대화하기 위해서 임금을 적게 줄 수 있는 방안을 필요로 합니다. 따라서 화폐 시장을 만들어 통화가 지나치게 많이 시중에 돌아다니지 못하게 해야 합니다.

시중에 통화량이 너무 많을 경우 물가 상승이 발생합니다. 물가 상승은 임금 노동자 입장에서는 엄청난 부담이 됩니다. 예컨대 짜장면 한 그릇이 3000원이었는데 5000원으로 올랐다고 합시다. 12만 원을 가지고 있는 사람 입장에서는 짜장면 40그릇을 사 먹을 수 있다가 24그릇밖에 사 먹지 못하는 사건을 겪게 됩니다. 따라서 통화 공급량의 변화에 따라 물가가 변화하는 것을 막기 위해서 일정한 기준에 따라 통화를 공급할 방법이 필요해집니다. 이 방법이 금본위제입니다. 즉, 금의 보유량만큼 통화량을 맞추는 것입니다.

금본위제
금이라는 상품에 가격을 매겨 그 가격만큼 화폐를 발행해서 시중에 공급하는 정책입니다.

하지만 금본위제하에서는 경기 침체와 같은 상황에서 문제가 발생하기도 합니다. 경제 침체가 발생하면 시장에서 거래가 활발하게 이루어지지 않기 때문에 시중에 돌아다니는 통화량이 부족해지고 기업의 수입도 적어집니다. 하지만 임금은 물가가 하락한다고 해서 잘 내려가지 않습니다. 따라서 경기 침체 상황에서 기업은 임금이라는 생산 비용 부담이 커지게 됩니다. 이런 부담을 적게 하고 지속적인 생산 활동을 유지하기 위해서 임금 노동자의 임금에서 많은 부분을 차지하는 식량의 가격을 낮추는 방안을 찾게 되었습니다. 그래서 식량의 가격을 낮추는 방법으로 곡물을 자유롭게 교역하는 방안이 필요하게 되었습니다.

이런 필요성을 실현하기 위해서 1830년대부터 1840년대를 거치면서 이루어진 게 구빈법 철폐, 곡물법 철폐, 금본위제 도입이었습니다. 구빈법 철폐는 노동자의 공급이 시장 가격에 따라 결정되도록 한다는 것을 의미합니다. 곡물법 철폐는 곡물 시장을 다른 나라에 개방한다는 의미를 지니고요. 또한 화폐 유통을 금본위제에 맡겼습니다.

이후에 수요·공급 기제가 만들어지면서 가격이 변동할 수 있게 되었습니다. 생산된 상품뿐만 아니라 노동·토지·화폐 역시 시장에서 그 가격이 결정되고 변동하기 시작하였습니다. 또한 노동·토지·화폐의 가격은 생산물 가격에 영향을 미치게 되면서 상호 의존 관계가 되었습니다. 노동·토지·화폐와 같은 생산 요소 가격이 오르면 비용 상승으로 생산된 상품의 가격이 오릅니다. 이렇게 생산 요소 시장과 생산물 시장이 서로 관련성을 가지면서 자기 조정적 시장이라는 시장 경제가 완성되게 된 것입니다.

즉, 중상주의 때까지 단절되어 있던 노동·토지·화폐 시장이 만들어지고 유기적인 관련성을 가지게 되었습니다. 그 결과 생산 요소 시장들이 상품 시장과 관련성을 맺으면서 하나의 시장 경제를 구성하게 되었습니

> **자기 조정적 시장**
> 수요와 공급이 서로 만나는 곳에서 자연스럽게 적정 가격이 형성되며, 만약 공급보다 수요가 많은 초과 수요나 수요보다 공급이 많은 초과 공급이 발생할 경우 가격이 변동하여 자동으로 균형을 달성하게 되는 시장을 말합니다.

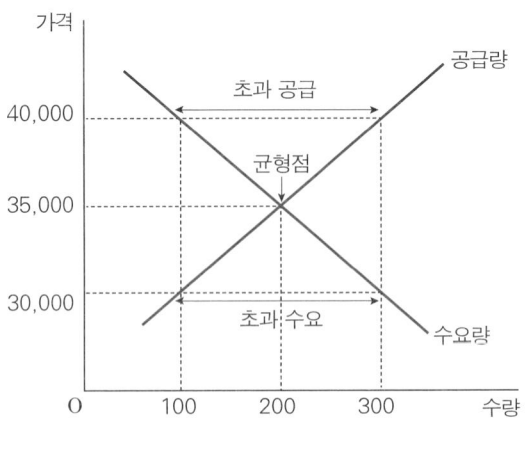

시장의 균형 가격과 균형 거래량

다. 상품을 판매하는 시장과 생산 요소를 판매하는 시장이 결합되게 된 것이지요.

이런 시장 경제의 출현은 인류의 삶에 많은 변화를 주었습니다. 대량으로 물건을 생산하고 대량으로 소비할 수 있게 되었습니다. 그 결과 인류는 시장 경제가 유토피아를 제공해 줄 것이라는 믿음을 가지게 되었습니다.

하지만 자기 조정적 시장이라는 시장 경제를 만드는 과정부터 문제가 많았습니다. 공장을 지을 땅을 마련하기 위해 농업이나 목축을 하던 사람들을 그 터전에서 몰아냈습니다. 그 결과 사람들은 삶과 노동의 터전을 잃어버리고 거리의 부랑자로, 실업자로 떠돌기도 하였습니다. 그리고 각종 제도들을 동원해서 자연의 터전에서 밀려난 사람들을 공장으로 갈 수밖에 없도록 하였습니다. 또한 공장 생산으로 인해 생겨나는 각종 오염 물질이 들판과 강물에 흘러들어 갔습니다. 사람들이 중시했던 삶의 가치나 자유가 파괴되었고 자연이 훼손되었습니다.

이런 문제를 야기했기 때문에 윌리엄 블레이크는 시장 경제를 '악마의 맷돌'이라고 부른 것입니다. 사람들을 넣고 갈아 버리면서 사람들의 삶과 자연을 파괴한다는 의미에서 '악마의 맷돌'이라 한 것이지요. 현재에도 우리는 시장 경제로 인한 많은 부작용을 겪고 있답니다. 예컨대 경제 위기, 빈부 격차, 환경 오염 등과 같은 문제들이지요.

이런 과정을 통해 만들어진 시장은 인류에게 유토피아를 가져다줄 수 없었습니다. 왜냐하면 자기 조정적 시장이 내적 모순을 가지고 있는 허구이기 때문입니다.

이런 문제에도 불구하고 시장 경제를 지지하는 사람들은 시장이 자기 조정 능력을 지니고 있어서 스스로 문제를 해결할 수 있다고 주장합니다. 하지만 자기 조정적 시장이라는 이 논리는 시장 경제가 지니고 있는 내적 모순이기도 합니다. 그래서 우리는 이런 내적 모순이 어떻게 야기되는지를 하나씩 살펴보고자 합니다.

우선 시장 경제가 가정하고 있는 인간관과 행동 양식부터 살펴보겠습니다. 다음 수업에서 보기로 하지요.

쿨라 교역에서 나타난 상호성과 호혜성

파푸아뉴기니라는 나라 이름을 들어 본 적이 있나요? 이 나라에 고리 모양을 그리면서 늘어선 섬들의 집합체가 있어요. 트로브리안드 제도 혹은 군도라고 하지요. 이곳에 사는 부족들은 현대 사회를 살아가는 사람들로서는 쉽게 이해할 수 없는 교역을 했다고 하네요. 자, 이들이 어떤 방법으로 서로 교역을 했는지 살펴봅시다.

교역이라는 단어를 보통은 '화폐를 사용하지 않는 직접적인 물물 교환'으로 해석합니다. 그리고 우리는 이 물물 교환이 화폐를 통해 이루어지지는 않지만 비슷한 가치를 지닌 물건들끼리 교환되리라고 생각합니다. 그러나 트로브리안드 제도에 살던 부족들은 쿨라(kula) 교역을 하며 서로 먼 길을 이동했어요. 우선 이 쿨라라는 말은 바이과라고 불리는 2종의 물품의 의례적 교환을 말해요. 소울라바라고 하는 붉은 조개 목걸이와 무와리라고 하는 흰 조개 팔찌가 교환되는데, 이 두 가지 장신구는 위에서도 말했듯이 화폐로서의 기능이 없어요. 즉, 교환의 매개나 가치의 척도와 같은 기능이 없다는 뜻이지요. 그런데도 트로브리안드 제도의 부족들은 이 두 물건을 서로 교환하며 가깝게는 이웃 부족을 방문하고 멀게는 대규모 원정단까지 꾸려서 무려 10년에 걸쳐 이동했다고 합니다.

이들은 수백 킬로미터를 10여 년 동안 이동하며 교역을 했는데, 만약 이들이 경제적 이득을 취하고자 교역을 시작했다면 이러한 것이 가능했을까요? 위에서 언급했듯이 쿨라 교역에 사용되었던 바이과는 이러한 가치가 없었어요. 대신 이들은 현대인들이 쉽게 이해할 수 없는 상호성, 호혜성을 가지고 이 교역에 참여했지요. 어떤 이익이나 장사의 동기 없이 이 쿨라 교역이 이루어졌지만, 이들에게는 경제적 의미의 단순한 물물 교환이 아닌 사회 관계를 고려한 상호성과 호혜성이라는 의식이 있었기 때문에 꾸준히 자신들의 전통을 이어 갈 수 있었답니다.

과거에는 우리가 갖고 있지 않은 물건을 필요할 때 교환할 수 있는 공간이 바로 시장이었습니다.

물고기 세 마리랑 나무 한 묶음이랑 바꾸면 어떻겠소?

그럽시다! 마침 장작이 필요했는데 잘됐구려.

그 시절에는 물건을 많이 생산해 판매하는 행위는 일어나지 않았습니다.

저게 뭐야?

정신이 조금 이상한 사람이로구먼.

15세기 이후 강력한 중앙 집권적 국가가 들어서면서 상업과 무역이 확대되게 됩니다. 그러다 산업 혁명을 시작으로 기계의 사용이 널리 보급되었습니다.

빨리빨리 해내라고!

삯바느질해서 어느 세월에 물건을 만들겠나? 역시 돈을 들여야 하는군.

이때부터 임금을 받아서 생계를 유지하는 임금 노동자가 등장하게 되었고, 생산된 상품뿐만 아니라 노동, 토지, 화폐 역시 시장에서 가격이 결정되고 변동되게 되었습니다.

음식값은 오르는데 월급은 그대로구먼. 차라리 고향에 남아 농사지으며 살던 시절이 더 나은 것 같아.

시 장 경 제 가 제 공 한 오 류

시장 경제를 지지하는 사람들은 '인간이란 생활 속에서 항상 비용보다는 편익을 크게 하는 것을 고려하여 행동한다'는 경제적 합리주의를 강조합니다. 이러한 경제적 합리주의는 이익을 극대화하려는 인간의 본성에 따라서 나타나는 것이라고 말하지요. 하지만 이 가정이 정말 맞는 것일까요? 시장 경제가 이야기하는 인간에 대한 가정은 어떤 오류를 가지고 있는지 함께 살펴봅시다.

수능과 유명 대학교의 논술 연계

2011년 수능 세계사 11번

물질적 행복을 추구하는 경제적 인간

시장 경제가 만들어 낸 생산 요소 시장에서 거래되는 노동, 토지, 화폐는 상품이 아닙니다. 그런데 시장 경제는 상품이 아닌 것을 상품으로 만들고, 스스로 문제를 해결할 수 없으면서 자기 조정적 시장이라고 하였습니다. 자기 조정적 시장을 내용으로 하는 시장 경제는 인간관과 인간의 행동 방식을 그 근거로 삼고 있습니다.

이런 시장 경제를 강조한 사람들이 바로 경제적 자유주의자들이었습니다. 이들은 집단보다는 개인에 관심을 둡니다. 생산과 분배를 의미하는 경제는 시장 경제가 등장하기 전에는 집단적으로 이루어지는 것이었습니다. 그런데 경제적 자유주의자들은 집단에서 개인을 일단 분리시킵니다. 그리고 이런 개인들이 이성에 따라 행동한다고 주장합니다. 또한 경제적 자유주의자들은 경제를 각 개인의 물질적 충족을 극대화하기 위한 행위로 설명합니다.

경제적 자유주의자들이 이렇게 말하는 이유는 인간을 바라보는 관점 때문입니다. 애덤 스미스(Adam Smith)와 같은 경제적 자유주의자는 인간의 본성은 물질적 이익을 극대화하려는 것이라고 하였습니다. 이런 본성을 지닌 인간들은 분업을 통해 최대한 효율적으로 상품을 생산하여 서로 교환, 거래하려는 속성을 지니며, 이런 인간의 본성과 속성으로 이익을 추구하는 행위가 시장 경제를 만들어 낸 것이라고 하였습니다.

경제적 자유주의를 옹호했던 경제학자 애덤 스미스

하지만 이익을 추구하는 행위는 시장 경제를 만들어 내는 전제 조건이 아니라 시장 경제라는 제도가 만들어 낸 행동 양식입니다. 시장 경제에서 돈이 많지 않은 보통 사람들은 노동을 팔지 않고서는 기본적인 생활에 필요한 욕구를 충족시킬 수 없습니다. 돈이 많은 사람들은 물건을 싸게 생산해서 비싸게 팔아 이윤을 극대화하려고 합니다. 이렇게 욕구와 이윤이라는 이름의 이익을 추구하는 사람들이 존재해야 하는 제도가 시장 경제이기 때문입니다.

만약 노동이 상품화되지 않았다면 돈이 많은 사람들은 지속적인 생산 활동을 해서 이윤을 창출할 수가 없었을 것입니다. 따라서 노동 시장을 만들어 이윤을 지속적으로 만들어 내기 위한 인간의 행동 양식은 각자의 이익을 추구하는 것이 되어야 합니다. 이처럼 각자의 이익을 추구하는 인간이 바로 경제적 인간입니다. 이런 경제적 인간은 이익을 추구하려는 경제적 동기에 의해 행동하게 됩니다.

이처럼 시장 경제에서의 경제적 인간은 물질적 동기가 그 행위를 결정한다고 합니다. 이때의 경제는 사회적 제약을 받지 않고 개인적인 이익 충족 차원에서 이루어지는 활동입니다. 그리고 이런 활동은 인간의 본성에 근거한 것이기 때문에 사회적 제약을 받지 않아야 한다는 논리를 성립시킵니다.

하지만 인간의 많은 행위는 물질적 동기에 의해서만 이루어지는 것이 아닙니다. 인간의 행위 동기에는 물질적 동기가 아닌 비물질적 동기가 훨씬 많습니다. 사랑,

교과서에는

노동 활동 역시 소득을 얻기 위한 활동을 넘어서 사회 속에서 자신의 존재 가치를 나타내려는 일종의 사회적 행위이기도 합니다.

우정, 배고픔, 효도, 공부 등과 같은 행위가 물질적 동기에 의해서 발생하는 것은 아니지요. 취업을 준비하는 대학생에게 어떤 기자가 올해의 소원이 무엇인지 인터뷰를 했습니다. 그 대학생은 부모님께 효도하기 위해서 반드시 직장을 가지고 싶다고 대답했습니다. 직장을 가지려는 행위의 동기가 효도라는 것입니다. 즉, 비물질적인 동기에 의한 것이지요. 이처럼 물질을 추구하는 행위도 부모와 자식처럼 사회적 관계 속에서 이루어지는 것입니다. 이런 점에서 물질적 동기가 인간 행동의 근원이라는 주장은 시장 경제에 적합합니다.

시장 경제가 없었던 시대에 인간은 사회 집단의 일원으로서 사회 목표 달성을 위해 경제 활동에 참여하였습니다. 경제 활동은 각자의 물질적 동기를 충족시키는 것만이 아니라 사회 목표 달성을 위해 사회적 관계 속에서 이루어지는 행위였습니다. 예를 들어 중세에 가장 큰 규모로 교역을 담당했던 곳 중 하나가 수도원이었습니다. 이 수도원은 종교적인 목적으로 경제 활동을 했습니다. 복잡한 물물 교환 체제를 갖고 있는 서멜라네시아 트로브리안드 제도 사람들의 쿨라 무역은 권위를 과시하고 부족들 간의 우호를 증진하기 위한 것이었습니다. 봉건주의에서는 주로 관습이나 전통적 목적에서, 중상주의에서는 주로 권력과 명예를 목적으로 경제 활동을 하였습니다.

따라서 인간의 많은 행위 동기들을 무시하고 이익 추구라는 물질적 동기를 최우선시하는 것은, 인간 본성이 그런 것이 아니라 시장 경제라는 제도가 의도적으로 만들어 낸 인간관이라고 할 수 있습니다.

좋은 선택의 기준

이처럼 시장 경제가 만들어 낸 경제적 인간은 이익을 극대화하기 위해 합리적으로 행동할 것이라고 예측할 수 있습니다. 경제적 인간은 사회적 관계를 고려하기보다 이익 추구를 행위의 동기로 삼는다고 말하는 것이 시장 경제가 바라보는 인간관입니다. 이런 인간관은 사회적 관계나 제약을 고려하지 않으며 원자적이고 고립된 개인을 전제로 하는 것입니다. 그렇다면 이런 원자적이고 고립된 개인은 사회에서 어떤 것이 이익인지 아닌지를 합리적으로 결정할 수 있어야 합니다. 이것이 바로 '경제적 합리주의'입니다.

시장 경제가 전제하고 있는 인간의 행동 방식은 경제적 합리주의입니다. 경제적 합리주의는 선택을 할 때 비용과 편익을 먼저 계산합니다. 그리고 편익에서 비용을 빼 보는 것이지요. 그 결과가 0보다 커야 합니다. 예컨대 편익이 100이고 비용이 80이라고 할 때 둘 사이의 차는 20입니다. 편익이 20만큼 더 크지요. 이때 20을 순편익이라고 부릅니다. 이렇게 경제적 합리주의는 순편익이 0보다 커야 합니다.

> **교과서에는**
> 우리가 어떤 경제적 선택을 하는 이유는 편익이 있기 때문입니다. 편익은 선택을 유도하는 긍정적인 유인으로 작용합니다.

그런데 이때의 순편익은 최대 크기가 되어야 합니다. 그렇게 하기 위해서는 비용을 적게 할수록 편익이 최대한이 될 수 있습니다. 이처럼 경제적 합리주의는 최소한의 비용으로 최대의 효과를 내는 것을 목표로 합니다.

따라서 경제적 합리주의는 효율성과 합리성을 판단하는 기준이

됩니다. 때문에 경제적 합리주의에 따르지 않은 행위는 비효율적이고 비합리적인 행위라고 부릅니다. 그리고 비효율적이고 비합리적인 행위는 바람직한 행위가 아닌 것으로 평가됩니다.

우리는 누구나 일정한 수단과 자원을 가지고 최대의 성과를 달성하려고 합니다. 가능하면 돈을 적게 들여서 상품을 생산하려고 하고, 짧은 시간에 많은 일을 해내려고 합니다. 하지만 모든 행위가 경제적 합리주의에 따라 선택되는 것은 아닙니다. 그렇다면 경제적 합리주의에 따르지 않은 행위들을 비효율적이고 비합리적이기 때문에 바람직하지 않은 행위라고 할 수 있을까요?

우리가 생활하다 보면 여러 가지 선택의 상황에 직면합니다. 영화를 볼까? 그 시간에 공부를 할까? 아니면 부모님을 도와드릴까? 이런 선택의 상황에서 시장 경제가 가정하고 있는 인간관과 경제적 합리주의 원칙에 따라 순편익을 구해 볼까요?

여러분은 우선 영화, 공부, 효도와 관련된 비용과 편익을 구해 보아야 합니다. 그리고 각각의 순편익을 비교해야 하지요. 예컨대 영화는 80, 공부는 120, 효도는 90으로 순편익을 가정해 봅시다. 이제 순편익의 결과를 가지고 어떤 선택을 해야 하나요? 시장 경제의 인간관에 따르면 당연히 공부를 선택해야 합니다. 이와 같이 경제적 합리주의는 여러분이 선택을 고민할 때 그 고민을 해결해 주는 수단이 되기도 합니다.

하지만 어떤 경우에는 어쩔 수 없이 부모님의 일을 도와야 하는 상황이 있을 수 있습니다. 장사를 하시는 부모님이 아프시면 여러분은 당연히 공부보다 부모님의 일을 도울 것입니다. 이런 행동을 비합리적이고 비효율적이기 때문에 가치가 없다고 할 수 있을까요?

오히려 아프신 부모님을 버려 둔다면 여러분은 마음이 편치 않을 수도 있고 주변 가족이나 사회로부터 부도덕하다는 비난을 받을 수도 있습니다. 따라서 공부 대신 아프신 부모님을 돕는 것에 대해 비합리적이고 비효율적이라고 무시하는 것은 옳지 않습니다.

나라를 사랑하는 일, 친구를 사랑하는 일, 기분 전환을 위해 휴가를 떠나는 일, 종교 생활에 헌신하는 일 등, 우리의 일상에서는 경제적 합리주의와는 다른 동기에서 나온 행위들이 아주 많이 행해지고 있답니다.

이처럼 인간 행위의 동기가 물질 충족이 아닌 경우가 많기 때문에 경제적 합리주의에 따라 행동이 선택된다고 볼 수만은 없습니다. 우리의 행위는 물질 충족 외에 다양한 사회적 규제를 받기도 합니다. 따라서 경제적 합리주의에 따라 모든 선택을 한다는 가정은 옳지 않습니다.

시장 경제는 경제적 합리주의를 전제로 인간을 생산자와 소비자로 나눕니다. 그리고 소비자와 생산자 모두 순편익을 극대화하는 차원에서 행위한다고 가정하고 그 결과를 정당화하려고 합니다. 이런 정당화를 통해 물질적 충족을 극대화하지 않는 행위는 비합리적이고 비효율적인 것으로 취급해 버립니다. 이익 극대화의 의사 결정이 합리적일 수 있지만, 앞에서 살펴보았듯이 그렇지 않은 행위를 비합리적이라고 하는 것은 적절하지 않습니다.

경제적 인간이 놓인 상황

그렇다면 경제적 자유주의자들은 왜 인간이 경제적 합리주의에 따라 행동한다고 가정할까요? 경제적 자유주의자들이 인간의 행동을 합리성과 비합리성으로 구별할 때는 희소성이라는 경제적 상황을 전제로 합니다. 시장 경제는 희소성의 상황을 전제로 경제적 인간과 합리적 행동을 정당화시키려고 합니다.

경제적 자유주의자들이 만들어 낸 경제적 인간이 직면한 상황은 자원이 희소한 상황입니다. 자원이 희소하기 때문에 합리적 선택을 해야만 합니다. 합리적 선택을 하지 않으면 각 개인이 가지고 있는 자원을 낭비하는 결과를 초래합니다. 즉, 최대한 생산이나 분배를 할 수 없다는 말입니다. 물질적 욕망을 최대한 충족해야 하는 인간에게는 비극적인 사건이 되는 것이지요. 따라서 인간은 희소한 자원을 최대한 효율적이고 합리적으로 사용해서 자신의 욕망을 충족해야 합니다.

하지만 희소성은 시장 경제가 가정하고 있는 인간관에서 나타나는 상황입니다. 원자적이고 고립된 인간은 자신들의 욕망을 극대화하기 위해 행동합니다. 욕망 충족을 통해 각 개인은 행복을 느끼게 됩니다. 문제는 이 물질적 욕망이 유한적이지 않고 무한적이라는 것입니다. 시장 경제는 이 무한 욕망을 통제하지 않습니다. 오히려 무한 욕망을 최대한 충족하도록 허용하는 것이 시장 경제입니다.

인간은 시장 경제를 통해 무한 욕망을 충족하고 행복해지려고 합니다. 그 결과 인간은 항상 희소한 상황에 처할 수밖에 없게 됩니다. 즉, 욕망은 무한대인데 수단은 그에 비해 턱없이 부족하다는 것입니다.

하지만 이런 희소성이라는 상황 역시 경제적 인간관과 경제적 합리주의와 마찬가지로 보편적인 것이 아닙니다. 경제적 인간이 처한 상황인 희소성을 보편적인 것으로 사람들이 받아들이게 된 것은 시장 경제가 경제 제도로서 역할을 하기 때문입니다.

시장 경제가 등장하기 전 사회, 시장 경제가 아닌 사회에서 경제 제도는 공동체 내에서 각 개인들이 자신을 실현하기 위한 물적 토대이거나 집단의 좋은 상태를 위한 것이었습니다. 단순히 개인의 만족을 극대화하기 위한 것이 아니었습니다. 즉, 개인과 집단 모두의 행복을 충족시켜 주기 위한 수단이 바로 경제였지요.

집단의 좋은 상태는 물질이 풍부하다고 해서 실현되는 것이 아닙니다. 아리스토텔레스에 따르면, 집단의 좋은 상태는 인간의 능력이 최대한 발휘되고 모든 사람들이 함께 집단의 중요한 사항을 결정해 공유할 수 있는 공동선을 만들어 내는 것을 말합니다. 이런 공동선의 추구 과정에서 개인의 물질적 욕망이나 이윤 추구는 제어됩니다. 공동선을 만들어 내는 과정에서 생산과 분배가 결정됩니다. 따라서 무한대의 욕망과 이윤 추구가 허용되지 않아 희소성은 존재하지 않게 됩니다. 이런 공동체에서 경제는 선한 공동체, 행복한 공동체를 만들기 위한 부수적인 것에 불과합니다.

하지만 시장 경제는 사회를 위해 봉사하기보다 사회와 개인 모두 경제 논리에 따라 물질을 아주 중시하도록 합니다. 그리고 그 결과 물질을 가장 중시하는 사회로 만듭니다. 비물질적 가치를 추구하는 일에 대한 관심은 적어지고, 이윤을 창출하는 물질적 가치가 일상에서 가장 높은 관심사가 되었습니다. 예컨대 어떻게 재태크를 해야 하나, 무슨 일을 하면 돈을 많이 벌 수 있을까, 어떤 산업을 육성해야

많은 이윤을 창출할 수 있는가에 대한 관심뿐이지요. 언젠가부터 사람들 사이에서는 '부자 되세요'라는 말이 인사가 될 정도로 유행하기도 했습니다.

이처럼 희소성이라는 상황과 자신의 이익을 극대화하기 위해 합리적 행동을 하는 인간이 시장 경제에서 제시된 것입니다. 인간은 희소성이라는 상황 때문에 효율적으로 재화를 생산하고 분배해야한다는 경제적 합리주의에 따라 행동해야 합니다. 이런 행동은 자신의 이익을 극대화하려는 본성을 지닌 인간의 입장에서 당연한 일이되는 것이지요.

희소성을 근거로 합리적 행동의 결과가 나타나는 곳이 시장입니다. 그리고 이 시장이 바로 자기 조정적 시장이에요. 이 시장에는 정치적 과정을 통해서 만들어지는 공동선이 개입해서는 안 됩니다. 왜냐하면 시장 경제에서 추구하는 시장은 정치가 개입하지 않고, 각 개인이 자유롭게 이익을 추구하고 경쟁하도록 내버려 두는 것을 말합니다. 그래서 각 기업들은 이윤을 추구하기 위해서 무한 경쟁을 하고, 각 개인들은 필요한 것을 구입하기 위해 임금에 의존하게 됩니다.

　　하지만 불행하게도 자기 조정적 시장은 완벽하지 않습니다. 왜냐하면 자기 조정적 시장이라는 프로젝트가 필연적으로 실패할 수밖에 없는 내재적 모순을 가지고 있기 때문입니다. 다음 수업에서는 이런 자기 조정적 시장의 내재적 모순에 대해서 살펴보려고 합니다.

피터 드러커가 만난 칼 폴라니

피터 드러커는 '미국 경영학의 아버지'라 불리는 사람입니다. 그래서 그런지 자기 계발, 경제 경영 서적이 한창 불티날 때 그의 책을 들여오거나 그의 이름을 들먹이며 잘난 체하던 이들이 무척 많았습니다. 피터 드러커가 어느새 '성공의 지름길'같이 일컬어지기도 했지요.

그가 만난 사람 가운데『거대한 전환』으로 이름 높은 칼 폴라니가 있습니다. 피터 드러커가 말하는 칼 폴라니의 뭉클한 사연을 소개합니다.

청년 드러커는 자신이 좋아하는 경제 전문지『오스트리아 이코노미스트』의 편집 회의에 초대받았는데, 거기서 편집장 칼 폴라니를 만납니다. 폴라니에게 반한 드러커는 폴라니 집에 가서 더 많은 이야기를 나누고 싶어 했지요. 폴라니는 기꺼이 드러커를 데리고 집으로 갑니다. 마침 잡지사에서 폴라니의 월급이 나왔습니다. 당시 편집장 폴라니가 받고 있던 월급은 어마어마했지요.

전차를 몇 번 갈아탄 뒤 내려서도 20분 넘게 걸어서, 폐차장과 쓰레기 처리장을 지나고 삐걱이는 판자 계단을 걸어 올라 그의 낡은 아파트 5층에 이르렀을 때, 폴라니 식구들은 크리스마스 저녁을 준비하고 있었습니다. 그런데 멋진 식사를 예상했던 드러커는 태어나서 가장 궂은 저녁 식사를 하게 됩니다. 아무렇게나 껍질을 벗긴 감자 한두 알이 성탄절 식사의 전부였으니까요.

폴라니 식구들은 생활비 얘기를 하느라 바빴습니다. 그런데 그들을 조마조마하게 하는 생활비는 조금 앞서 폴라니가 회사에서 받은 월급의 극히 일부분인 액수였습니다. 궁금함을 참을 수 없었던 드러커는 끝내 입을 열어 물었습니다.

"끼어들어 미안합니다만, 실은 조금 전에 폴라니 박사님의 수표를 보았습니다. 그 정도라면 더할 나위 없이 잘살 수 있다고 생각합니다만."

그 순간 폴라니 식구들은 입을 다물었습니다. 이어 그들은 드러커를 노려보면서 한목소리로 이렇게 말하는 것이었어요.

"무슨 말을 하는 거예요, 월급으로 받은 수표를 자기를 위해 쓰다니! 처음 듣는 얘기예요."

뜻밖의 대답에 얼굴이 붉어진 드러커가 말했습니다.

"하지만…… 대부분의 사람들은 그렇게 하고 있습니다."

그러자 헝가리 국유 철도 총재의 딸로서 열일곱 살 때 반전주의 활동가로 체포된 적도 있었던 폴라니의 아내 이로나가 진지하게 말합니다.

"우리는 그 대부분의 사람과 다릅니다. 우리 일가는 도리를 존중하고 있어요. 빈은 지금 헝가리에서 온 피난민으로 가득합니다. 공산주의와 그 뒤의 백색 테러를 피해서 온 피난민이지요. 생활비조차 제대로 벌지 못하는 사람이 숱합니다. 이런 상황에서 칼이 월급으로 받은 수표는 가난한 사람에게 주고 우리 식구가 필요로 하는 걸 별도로 치는 것은 도리를 존중하는 사람으로서는 당연한 일입니다."

폴라니 가문은 엄청나게 부유했고 얼마든지 자기들끼리 잘 먹고 잘살 수 있었습니다. 폴라니 아버지는 헝가리의 철도 왕이었고 어머니는 러시아 백작의 딸이었습니다. 그러나 커다란 꿈을 품고 있던 폴라니 부모는 폴라니 형제들을 더 나은 세계를 만들고자 애쓰는 뜨거운 이상주의자로 키워 냈지요.

청년 드러커는 폴라니를 만난 이 일로 크게 놀랐습니다. 이런 경험들 덕분에 드러커는 세상을 떠날 때까지 사람을 도구로 삼지 않는 도덕 경영을 내세웁니다. 나만을 위해 살아가는 걸 도리라고 여기는 요즘, 젊은 날 드러커가 받은 충격이 한국 사회에 아주 절절하게 퍼져야 하지 않나 싶습니다.

애덤 스미스 같은 경제적 자유주의자는 이익을 극대화하려는 인간의 속성이 시장 경제를 만들어 냈다고 주장합니다.

무조건 열심히 일해야 돼! 그래야 곡식을 많이 거두지!

하지만 부모님께 효도하고 싶어서 취직을 하려는 사람이 있는 것처럼 인간이 꼭 물질적인 동기에 의해 행동하는 것은 아닙니다.

그동안 고생하신 어머니를 기쁘게 해 드려야지.

이처럼 물질적 충족을 극대화하지 않는 행위를 비합리적이라고 얘기하는 건 옳지 않습니다. 예컨대 군인들이 나라를 지키는 행동은 이익과 상관없지만 비합리적이고 비효율적인 일이라고 말하기 어렵습니다.

하지만 시장 경제는 사람들로 하여금 물질에 가치를 두게 만듭니다. '부자 되세요'라는 말이 덕담으로 사용될 만큼 말입니다.

아버지, 올해도 사업 번창하시길 바랍니다.

그래, 너희도 돈 많이 벌고 부자 되거라!

자기 조정 시장이 완벽하지 않은 이유

시장 경제는 '국가나 다수의 사람들이 간섭하고 개입하지 않으면 시장 스스로 문제를 해결할 수 있는 조정 장치를 가지고 있다'고 말합니다. 하지만 시장 경제는 그동안 자기 스스로 문제를 해결하지 못했습니다. 이번 수업에서는 시장 경제를 완벽한 시스템으로 볼 수 없는 이유에 대해서 좀 더 자세히 살펴봅시다.

수능과 유명 대학교의 논술 연계

2009년 수능 세계사 2번

2009년 수능 경제 13번

시장이 말하는 행복의 조건

자기 조정 시장은 사회의 감시와 감독, 국가의 개입 등을 받지 않는 시장을 말합니다. 물질적 이익을 추구하는 경제적 인간, 경제적 인간의 경제적 합리주의 등은 자기 조정 시장을 타당화하는 근거가 되었습니다. 경제적 자유를 강조하는 사람들은 인간을 경제적 인간으로 가정하고, 이러한 인간들이 경제적으로 합리적인 행동을 하기 때문에 시장 경제 체제가 자연스럽게 출현했다고 말합니다.

하지만 이런 설명은 앞뒤가 바뀐 것이고 인위적인 설명입니다. 시장 경제 체제는 산업 혁명을 계기로 등장한 경제 체제이며, 이와 함께 사람들이 시장 중심주의를 당연한 것으로 받아들이도록 경제적 인간과 경제적 합리주의와 같은 가설이 제공된 것이지요.

교과서에는

경제 체제를 시장·계획·전통 경제 체제로 구분하는 것은 민간의 경제 활동이 어떻게 조정되는가에 초점을 맞춘 것입니다.

그 결과 사람들은 시장 경제 체제가 자연스럽게 발생한 것이고, 사람들의 행위는 경제적 합리주의에 따라 이루어지며, 사회의 많은 부분을 경제가 결정한다고 생각하게 되었습니다. 예를 들면 행복조차도 경제가 결정하는 것으로 만들어 버린 것이지요. 그 결과 사실은 그렇지 않음에도 불구하고 국민 소득이 증가하면 행복해진다고 착각하게 되었습니다. 우리나라는 과거보다 국민 소득이 증가했습니다. 그런데 과연 더 행복해졌을까요?

경제적 자유를 강조하는 사람들이 강조하는 시장은 더 이상 정치, 종교, 법, 문화 등에 의해 규제받는 존재가 아닙니다. 스스로 존재하고, 문제가 발생하면 자기 조정을 통해서 해결할 수 있는 독자적인 영역이 되었습니다. 이런 시장을 자기 조정 시장이라고 합니다. 자기 조정 시장이란 합리적으로 행동한 개인들의 선택이 반영된 결과입니다.

하지만 시장 경제 체제가 등장하기 전까지 정치, 종교, 도덕, 문화 등과 같은 사회적 간섭에서 자유로웠던 자기 조정 시장은 없었습니다. 시장 경제가 없는 사회에서 시장은 오늘날처럼 활성화되지 않았습니다. 생산과 분배는 자기 조정 시장이 아니라 오히려 관습이나 종교 등에 의해서 통제받았습니다. 중상주의 시대에도 시장은 중앙 집권 국가의 통제 아래 운영되었습니다. 이렇게 규제를 받으면서 성장한 것이 시장이었습니다. 사람들은 시장 경제가 출현하기 전까지 자기 조정하는 시장이란 걸 몰랐던 것이지요.

시장 경제로 등장한 자기 조정 시장은 국가의 규제나 다수 국민

들의 여론에 의해 통제되지 않습니다. 오로지 시장만이 시장을 통제합니다. 그리고 시장이 스스로 조정하고 방향을 결정합니다. 이처럼 시장이 스스로 자신을 통제하고 조정하며 그 방향을 결정하는 경제 체제가 자기 조정 시장입니다.

이때 상품의 생산과 분배는 자기 조정 시장이 담당합니다. 왜냐하면 사회적 간섭을 받지 않을 때 각 개인은 이익을 극대화할 수 있고, 이런 이익의 극대화가 사회적 이익의 극대화를 가져다준다고 가정하기 때문입니다.

또한 시장에서 결정된 가격이 수요와 공급을 조정한다고 가정합니다. 이런 경제 체제는 인간이 최대한의 돈을 획득하기 위해 행동한다는 생각에 바탕을 두고 태어난 것입니다.

또한 이들은 시장에서 결정된 가격에서 수요와 공급이 일치한다는 점을 가정합니다.

화폐로 표시되는 가격은 생산과 분배를 결정하는 기능을 하게 됩니다. 물건을 생산하는 이들의 이윤이 가격에 의해 결정되므로 가격이 생산을 조정하고 통제하게 되는 것입니다. 또한 가격이 소득을 형성하게 됩니다. 소득은 소비와 저축으로 사용됩니다. 따라서 생산된 물건은 소득을 지출하는 소비자들에게 분배됩니다. 즉 재화의 분배 또한 가격이 좌우하게 됨으로써 자기 조정 시장에서는 가격이 재화의 생산 및 분배 질서를 보장한다는 것이 이들의 생각입니다.

자기 조정 시장에서는 어떤 경우에도 생산과 분배가 일치하게 됩니다. 일시적으로 초과 수요나 초과 공급이 있을 수 있지만, 이 경우에도 신속하게 균형이 이루어져 부족한 것도 남는 것도 없는 균형 상태가 된다고 합니다.

만약 초과 수요가 발생하는 경우에는 가격이 50에서 100으로 상승하면서 생산과 분배가 일치하도록 하고, 초과 공급이 발생한 상황에서는 가격이 150에서 100으로 하락하면서 생산과 분배가 일치하도록 한다는 것입니다.

이런 자기 조정 시장의 원리는 상품을 포함한 모든 시장에서 성립하는 것으로 봅니다. 즉, 상품이 아닌 노동, 토지, 화폐를 상품으로 만들고 자기 조정 시장의 원리가 적용된다고 보는 것입니다.

스스로 조정하는 시장의 원리

이처럼 자기 조정 시장은 경제와 관련된 모든 요소들을 상품화하여 시장에 포함시켜 버렸습니다. 상품이란 생산된 것을 말합니다. 노동, 토지, 화폐는 본래 상품이 아니기 때문에 이를 허구적 상품이라고 부릅니다. 자기 조정 시장은 상품이 아닌 노동, 토지, 화폐를 상품으로 만들고 거래함으로써 생산 요소 시장과 생산물 시장을 유기적으로 결합시킨 것입니다. 시장 경제에서는 노동, 토지, 화폐를 상품화시켜 시장에서 교환되도록 해야 하기 때문입니다.

모든 것을 상품화시킨 시장 경제는 자기 조정 시장 원리에 따라서 생산과 분배가 이루어지도록 하였습니다. 또한 이런 기능을 위해서 국가, 정치, 종교, 문화, 관습 등이 시장에 개입하지 못하도록 합니다.

자기 조정이라는 말은 모든 생산이 시장에서의 판매를 목적으로 하고, 판매를 통해 번 돈은 소득으로 분배된다는 의미를 포함하고 있습니다. 따라서 생산과 소득을 만들어 내는 모든 시장이 존재하게 됩니다. 예를 들어 현재 여러분의 주변을 둘러싸고 있는 물건들을 한번 열거해 보세요. 입고 있는 옷, 신고 있는 신발, 사용하고 있는 필기구와 노트 등을 보세요. 또한 여러분이 배가 고파 음식을 주문할 때 서비스를 제공하는 사람들이 있습니다. 아마도 여러분 스스로 생산해서 사용하는 것은 없을 것입니다.

이 중에서 옷을 예로 들어 자동 조정 시장에 대해 생각해 봅시다. 우리는 최종적으로 옷을 사서 입지만 내 손에 옷이 들어오기까지의 과정은 그리 간단하지 않습니다.

옷을 만들기 위해서는 우선 원단이 있어야 합니다. 원단은 옷을 만들기 위한 원료이지요. 이런 원료를 구입할 수 있는 시장이 있습니다. 옷을 생산하는 사람은 원료를 구입한 뒤 이 원료를 사용하여 옷을 만들 공장이 필요합니다. 또한 옷을 만들 기계가 필요합니다. 그리고 공장에서 기계를 사용하여 물건을 생산할 사람도 필요합니다. 이처럼 공장을 짓고, 원료와 기계를 사고, 일할 사람들을 고용하기 위해서는 돈이 필요합니다.

이때 돈을 빌려 주고 거래하는 시장이 화폐 시장입니다. 공장을 마련하기 위한 시장은 부동산 시장이고요. 사람들을 고용하는 시장은 노동 시장입니다. 이런 시장에서 거래를 통해 생산자는 옷을 만들고 판매합니다. 그리고 옷을 판매하여 들어온 수입을 가지고 소득을 분배합니다. 분배한 것이 소득입니다. 돈을 빌렸으면 이자를 지불하고, 고용을 했으면 임금을 지불하고, 공장을 세우기 위해 토지를 빌렸으면 지대를 지불합니다. 이때 이자는 화폐 가격, 임금은 노동 가격, 지대는 토지 가격입니다. 이런 가격들은 지불하는 사람 입장에서는 비용이지만 받는 사람 입장에서는 소득이 됩니다.

이러한 생산 요소의 가격이 바로 소득을 형성합니다. 토지 소유자의 소득은 지대이고, 화폐 소유자의 소득은 이자이며, 노동을 공급하는 사람들의 소득은 임금입니다.

옷을 생산한 사람은 이렇게 소득을 형성하는 이자, 임금, 지대를 모두 나눠 주고 난 나머지를 자신의 소득으로 합니다. 이 소득이 바로 기업가의 이윤입니다. 이윤은 판매 가격에서 생산 비용(이자＋지대＋임금)을 제외한 것입니다. 예를 들어 물건 가격이 만 원인데 비용이 7000원이었다면, 이 둘 사이의 차액인 3000원이 이윤이 됩니다.

이와 같이 판매로부터 나오는 소득은 노동자, 토지 소유자, 자본

가들에게 임금, 지대, 이자로 분배됩니다. 사람들은 이 소득으로 생산된 재화들을 구매할 수 있게 됩니다.

이렇게 생산과 분배는 시장에 의해 자동적으로 이루어진다는 것이 자기 조정 시장입니다. 이런 자기 조정 시장은 시장 형성과 활동을 위축시키는 사회적 감시와 감독, 국가적 간섭 및 규제를 받지 않습니다. 소득은 오로지 물건의 판매에 의해서만 이루어지도록 해야 합니다. 즉, 기업가는 물건을 만들어 팔아서, 노동자는 노동을 공급해서, 돈을 가진 사람은 화폐 거래를 통해서, 부동산을 가진 사람은 부동산 거래를 통해서만 소득을 형성해야 합니다. 따라서 모든 시장이 스스로 형성되어야 하고, 그 시장의 가격·수요·공급 등이 규제를 받아서는 안 됩니다. 자기 조정 시장 입장에서 가장 바람직한 정책은, 경제 영역을 조직하는 유일한 방법으로서 시장이 되는 데 필요한 조건들을 스스로 창출하는 것입니다. 따라서 시장의 자기 조정을 방해하는 규제나 정책은 절대로 불가합니다.

이런 자기 조정적 시장은 시장 경제의 핵심적인 원리라고 할 수 있습니다.

유토피아에 이르지 못한 시장의 실패

이처럼 시장 경제가 들어서면서 자기 조정 시장은 중요한 원리가 되었습니다. 자기 조정 시장이 사회의 생산과 분배를 책임지는 경제 질서가 된 것입니다.

하지만 자기 조정 시장은 그 의미처럼 경제 문제를 스스로 해결하지 못하였습니다. 개인의 자유로운 경제 활동을 보장하면 모든 생산과 분배가 효율적으로 이루어질 것이라고 했지만 그 과정에서 독과점 기업이 등장하였습니다. 그 결과 완전 경쟁 시장과는 달리 생산과 분배가 비효율적으로 이루어졌습니다. 소득 양극화와 빈부 격차도 심각해졌습니다. 사회에서 필요로 하는 공적인 재화, 즉 국방·치안 등과 같은 상품

교과서에는

시장 실패의 원인은 크게 외부성과 공공재, 불완전 경쟁으로 나누어 볼 수 있습니다.

들은 시장에서 제대로 생산되지 않았습니다. 또한 자기 조정 시장은 반복되는 경제 위기를 초래하고 있습니다. 경기 불황이나 경기 과열이 반복적으로 발생하면서 사람들을 불안하게 합니다.

제도가 가져야 하는 미덕은 안정감과 예측 가능성입니다. 하지만 자기 조정 시장 제도는 현재 안정감과 예측 가능성을 어렵게 하면서 제도로서의 역할을 제대로 수행하지 못하고 있습니다.

노동, 토지, 화폐를 상품화시켜 자기 조정 시장 원리가 적용되도록 하였지만 자기 조정 시장이 제도로서의 역할을 수행하고 있다고 말하기 어렵습니다.

노동력은 인간 안에 존재하는 것이지만 상품으로 취급받으면서 소유자에 의해 함부로 다루어질 수 있습니다. 소유자의 명령 앞에서 인간의 육체적·심리적·도덕적 측면이 보장받을 수 있을까요? 소유자가 자신의 이윤을 위해 부당한 명령을 내리면 그 명령에 따라야 하는 경우가 일반적입니다. 억지로 늦게까지 일해야 하는 경우가 많

아지고, 이런 일들을 감당하지 못했을 때 해고와 같은 일을 당해야 합니다. 집안의 가장이 해고를 당하게 되면 당장 먹고사는 일이 어려워져 가정이 파괴되거나 해체되기도 하지요. 이런 상황이 심각해지면 자살이나 묻지 마 범죄와 같은 심각한 사회 문제를 초래하기도 합니다. 바로 이런 사회적 변화 속에서 <mark>아노미</mark>와 <mark>일탈</mark>을 경험하게 되는 것입니다.

그렇다면 자연은 어떻게 될까요? 생산 과정에서 공장으로부터 나온 각종 유해 물질은 환경을 파괴하여 사람들의 건강을 침해합니다. 아름다웠던 자연 경관은 공

아노미
사회 구성원의 행위를 규제하는 공통된 가치 또는 도덕적 규범이 존재하지 않아 생기는 무질서한 상태입니다.

일탈
사회의 규칙이나 규범에 어긋나는 행위를 말합니다.

장의 건설로 인해 찾아보기 어렵게 되고 주거지 환경도 나빠집니다. 산과 강이 오염되고 그 결과 식량과 원료를 생산하는 자연의 능력도 파괴됩니다.

화폐를 시장에 맡길 경우에는 어떤 일이 발생할까요? 시장 기구의 관리에 맡길 경우 기업들은 주기적으로 파산을 맞이하여 경제는 침체를 반복하게 됩니다.

만약 화폐가 부족해지면 시장에서 거래가 둔화됩니다. 기업은 이자가 높아져 돈을 빌려 투자하지 않으려고 하게 되지요. 기업이 투자를 하지 않으면 고용이 줄어듭니다. 고용이 줄어들면 가계의 소득이 줄어듭니다. 소득이 줄어들면 시장에서 상품 거래가 줄어들고, 그 결과 수입이 줄어든 기업은 위기에 처하게 됩니다. 또한 돈을 많이 빌려 투자했던 기업은 비싼 이자를 감당하지 못해서 도산하기도 합니다.

반대로 화폐가 과잉으로 공급될 경우에는 화폐 가치가 떨어져 이자율이 급락합니다. 반대로 물가는 매우 상승하게 되지요. 물건을 구입하기 위해서는 많은 소득을 지출해야 합니다. 가계는 물가 상승에 부담을 느껴 소비 지출을 줄이게 됩니다. 그 결과 기업의 판매 실적 또한 저조해집니다. 결국 판매 실적을 높이기 위해서는 다시 가격이 떨어져야 합니다. 가격 하락의 압력을 견디지 못할 경우에 상품 가격이 폭락하는 일이 발생합니다. 이 경우가 바로 소위 말하는 '거품이 빠진다'는 것이지요. 거품이 빠져 버리는 순간 상품을 보유한 사람들은 충격에 빠집니다. 1억 원에 산 물건이 갑자기 가격이 폭

락해서 7000만 원이 된다면 3000만 원이 사라진 셈이니까요.

지금까지 살펴본 것처럼 자기 조정 시장은 사회에서 발생하는 여러 문제를 스스로 해결하지 못하고 있습니다. 이런 점에서 모든 경제적 문제를 스스로 해결할 수 있다는 자기 조정 시장은 허구에 불과한 것입니다.

자기 조정 시장은 사람들의 이익 추구 극대화라는 목적에 충실한 것입니다. 이런 이익의 극대화는 개인들 간의 자율적인 경쟁을 전제로 하지요. 그 경쟁의 결과로 상층, 중층, 하층이라는 계층을 만들어 냅니다. 즉, 개인들 간의 격차를 만들어 내는 것입니다. 이런 격차가 심화되면 양극화 현상이 나타나고 빈곤층이 심화됩니다.

사회 제도는 사회 문제를 효과적으로 해결하여 사회 유지와 발전에 기여하는 것이어야 합니다. 하지만 자기 조정 시장은 안정감과 예측 가능성을 제공하지 못하였습니다. 또한 방금 말한 것처럼 분배의 형평성을 달성하지도 못하였습니다.

경제적 자유를 강조하는 사람들이 말한 대로 자기 조정 시장이 스스로 문제를 해결할 수 있다면 유토피아가 가능할지도 모릅니다. 하지만 자기 조정 시장은 각 개인이 독립적인 경쟁 시장을 통해 이윤을 극대화할 수 있는 장으로서의 역할은 했지만 사회가 경제에 요구하는 기능을 수행하지는 못하였습니다.

사회는 바람직한 생산과 분배를 통해 경제 제도가 사회의 유지·발전에 기여할 것을 기대합니다. 그런데 시장 경제는 소득 격차, 자원 낭비, 환경 오염, 경제 위기 등 다양한 문제를 해결하지 못하고 사회를 불안하게 만들고 있습니다. 이런 점은 자기 조정 시장이 인류를 유토피아로 인도한다는 약속을 지키지 못하는 장치임을 보여주는 것이라 할 수 있습니다.

찰스 디킨스의 『올리버 트위스트』

자본주의의 시작을 알리는 산업 혁명 와중에 뒷골목 도둑의 세계를 소재로 하여 고통 받는 서민을 그려 낸 찰스 디킨스의 소설 『올리버 트위스트(Oliver Twist)』는 영화로도 제작되어 흥행성과 작품성을 모두 인정받은 유명한 작품이에요.

주인공인 올리버는 아버지가 누구인지 모르며, 어머니도 그를 낳고 죽고 맙니다. 고아가 된 올리버는 구빈원에서 몹시 학대받으며 자라다 런던으로 가게 되지요. 런던에서 올리버는 빈민굴 아이들에게 소매치기를 시키는 유대인 악당 페이긴 일파에게 끌려 들어갔다가 동료의 죄를 뒤집어쓰고 체포됩니다. 다행히 친절한 부자의 도움으로 올리버는 악당들의 유혹과 협박을 물리칩니다. 그리고 뒤에 그 부자가 아버지의 친구라는 것이 밝혀져서 그의 양자가 되어 행복하게 살게 된다는 줄거리예요.

이 소설의 배경에는 1834년의 이른바 '신구빈법(The New Poor Law)'의 제정이 있습니다. 이 법의 요지는, 엘리자베스 1세가 만든 종래의 빈민 구제법이 빈민들을 게으르게 만든다는 발상에 기초하여 빈민 구제 비용을 줄이고 빈민들 스스로 열심히 일하도록 독려한다는 것이지요. 이러한 시대 배경 때문에 『올리버 트위스트』는 신구빈법에 대한 비판을 담고 있는 사회 비판적 소설로도 평가됩니다. 고아인 올리버가 구빈원에서 겪는 굶주림이나, 빈민을 범죄자로 취급하는 사회에 대해 비판하는 내용이 담겨 있기 때문이지요. 신구빈법은 가난과 타락을 동일시하는 시각에서 제정된 반면, 찰스 디킨스는 올리버의 경우처럼 가난한 사람은 타락한 사람이라는 단정을 깨뜨립니다. 올리버가 구빈원 출신이면서도 완전히 도덕적인 소년임을 보여 줌으로써, 혹은 도덕적으로 선하면서 동시에 완전히 거지임을 보여 줌으로써 구빈원의 공식을 비틀어 놓은 것이지요. 디킨스는 바로 당시 논란의 핵심이었던 신구빈법 문제를 과감히 붙들고 그 비인간성과 통제성에 대해 비판의 장을 열었던 것입니다.

자기 조정 시장이 균형에 이르도록 통제하는 건 오직 시장입니다. 노동, 토지, 화폐 또한 시장에서 거래되고 가격도 그 안에서 결정됩니다.

시장의 가격을 결정하는 수요와 공급의 원리는 그 작동 과정에서 어떤 규제도 받아서는 안 됩니다.

구해 주지 마! 우리는 어떤 일에도 개입해선 안 돼!

악~ 나 좀 구해 줘!

그러다 보니 시장의 실패인 소득의 양극화, 빈부의 격차와 같은 문제도 아주 심해지게 됩니다.

앞으로 이런 문제가 점차 심화될 경우 사회에 심각한 문제를 초래할 수밖에 없겠지요.

우리가 저렇게 사는 건 평생 불가능하겠지?

아마도 그렇겠지.

시장 경제의 이중 운동

악마의 맷돌로 표현되는 시장 경제에서 사회를 보호하려는 움직임이 없었다면 현재 인간과 사회는 존재할 수 없었을지도 모릅니다. 현실을 무시하고, 상품이 아닌 것을 상품으로 만들어 낸 자기 조정적 시장의 내재적 모순이 이런 저항을 불렀지요. 그렇다면 이러한 과정에서 나타난 시장 경제의 이중 운동이 무엇인지 자세히 살펴봅시다.

수능과 유명 대학교의 논술 연계

2009년 수능 경제 1번

2010년 수능 경제 8번

2013년 수능 경제 4번

허구적 상품의 등장과 사회 해체

스스로 문제를 해결하지 못하는 자기 조정 시장은 토지와 노동을 상품으로 만드는 과정에서 삶의 공동체를 해체시켜 버립니다.

개인의 터전이 되었던 자연에서 쫓겨난 인간은 공장으로 가게 되었습니다. 공장에 간 인간은 임금 없이는 필요한 것을 구할 수 없게 되었지요. 때문에 물건을 싸게 생산하려는 기업이 임금을 적게 주더라도 어쩔 수 없이 생존을 위해 노동을 제공해야 하는 상황을 맞이하게 된 것입니다. 사회적 차원에서 노동을 제공하고 생산을 했던 기존의 경제는, 각 개인이 임금을 얻기 위해 노동을 제공하여 생산에 참여하는 방식으로 바뀌었습니다. 공동체를 존재하게 했던 자연은 시장에서 거래되는 상품으로 바뀌었고, 자연 속에서 공동체를 형성하며 살아가던 인간은 공장으로 들어가게 되었습니다.

자연과 노동이 시장에서 거래되는 것은 시장 경제 사회가 나타나기 전까지 상상도 할 수 없었던 일입니다. 시장 경제 체제는 산업 혁명 이후 기계제 생산이 가능해지면서 등장한 특이한 것입니다.

상업을 장려하였던 중상주의 체제에서도 토지와 노동이라는 두 생산 요소를 상업화하는 것을 막았습니다. 예를 들어 영국과 프랑스는 토지가 봉건적 지위나 특권과 관계있다는 점을 중시하여 매매가 거의 불가능하도록 하였습니다. 또한 영국에서는 도제 조례와 구빈법 등과 같은 입법을 통해 전국적으로 노동을 보호하고자 하였습니다.

이와 같이 기존의 중상주의자들은 대체로 노동과 토지의 상업화라는 관념에 대해서 혐오감을 지니고 있었습니다. 그렇다고 해서 중상주의자들이 오늘날의 평등을 강조하는 민주주의자들이라서 그랬던 것은 아닙니다. 다만 자기 조정 시장이 등장하기 전까지 노동과 토지를 전통적인 방식으로 조직하는 것을 당연하게 여겼을 뿐입니다. 즉, 시장 경제가 등장하기 전 경제는 사회의 간섭과 규제를 받는, 사회와 분리되지 않은 사회 제도였습니다.

따라서 19세기 말에 시장의 형태가 규제받는 시장에서 자기 조정 시장으로 변한 것은 획기적인 사건이었습니다. 일반적으로 어떤 사회에서나 상품의 생산과 분배 질서가 필요합니다. 하지만 이런 필요성이 있다고 해서 사회에서 독립된 경제 제도가 필요하다는 의미는 아닙니다. 경제 질서는 한 사회의 여러 제도들 중 하나의 기능을 수행하는 것이고, 그 제도들 속에 경제 질서가 이미 포함되어 있었지

요. 자기 조정 시장이 등장하기 전까지는 사회에서 경제 체제가 분리된 적이 없습니다.

자기 조정 시장은 사회로부터 경제를 분리시켜 독자적인 영역을 갖도록 하는 데 기여하였습니다. 더 이상 경제는 정치나 관습에 구속을 받지 않게 되었지요. 경제를 구성하는 모든 것들은 시장의 원리에 지배를 받게 되었습니다. 자기 조정 시장은 정치나 관습으로부터 벗어나 사회 전체의 경제를 조정하는 독자적인 기능을 수행하게 된 것입니다. 때문에 시장 경제는 자유방임을 당연한 것으로 여기고

요구합니다.

이미 살펴본 바와 같이 자기 조정 시장이 작동하기 위해서는 노동, 토지, 화폐와 같은 허구적 상품을 필요로 합니다. 이와 같은 허구적 상품이 시장에서 거래되지 않았다면 시장 경제는 성립될 수 없었습니다. 결국 시장 경제는 노동, 토지, 화폐를 포함한 산업의 모든 요소를 시장에 포함시켰습니다. 특히 노동과 토지를 시장에 포함시킨 것은 사회라는 실체를 시장의 법칙 아래 둔다는 것을 의미합니다. 토지란 사회가 존재하게끔 하는 자연환경이며, 노동은 사회를 구성하는 인간 자체이기 때문입니다. 이런 점들로부터 자기 조정 시장이 사회에 어떤 영향을 미칠지 충분히 짐작할 수 있습니다.

시장의 메커니즘에서는 모든 것이 상품화되어야 합니다. 이때의 상품은 판매하기 위해 생산된 물건이라는 의미이고, 시장은 판매자와 소비자의 실제적 접촉이 있는 경험적 의미가 됩니다. 그 결과 상품을 생산하는 데 필요한 모든 생산 요소와 상품은 판매를 위해 생산되는 것으로 간주됩니다. 그렇게 해야만 모든 상품이 가격과 수요·공급의 메커니즘을 따르기 때문입니다.

현실적으로는 모든 상품을 거래하기 위한 시장을 필요로 합니다. 시장은 수요자와 공급자의 집단으로 조직되며, 모든 상품이 수요·공급에 의해 가격을 갖게 됩니다. 무수히 많은 상품 시장들은 서로 연결되어 총체적 시장을 형성하게 됩니다.

상품이 아닌 토지, 노동, 화폐를 상품으로 취급한 것이 이런 시장을 형성하는 데 결정적인 기여를 했습니다. 문제는 이 생산 요소들의 상품화가 사회를 해체시켜 버린다는 것입니다.

자기 조정적 시장은 노동을 상품화시켜 시장 원리에 종속시켰습니다. 그 결과 서로가 돌보는 유기체적인 공동체 속의 인간 존재는 사라졌습니다. 개인을 보호했던 사회적 공동체와 같은 보호막은 제거되고, 개개인을 배고픔의 위협으로 내몰아 노동 시장에서 노동력을 팔지 않으면 생존할 수 없게 된 것이지요. 이렇게 노동자의 생존을 결정하는 임금은 노동자의 소득을 형성하며, 노동 시장에서 수요와 공급에 따라 결정됩니다.

기계 중심의 생산 방식을 전제로 했던 시장 경제는 인간과 기계의 관계도 바꿔 놓았습니다. 오랫동안 인간은 기계를 개발하고 사용해 왔습니다. 하지만 산업 혁명 이후 인간과 기계의 관계는 과거와는 전혀 달라졌습니다. 과거의 기계는 인간의 신체적 한계를 보완하거나 숙련도를 높이는 정도에 불과했습니다. 하지만 산업 혁명 이후 기계는 인간의 노동을 대체하게 되었고, 인간은 기계를 보조하는 역할만 담당하게 되었습니다. 그 결과 경기가 나빠지면 대규모 실업의 문제가 발생하게 되고, 실업자들은 사회를 불안하게 하는 요인으로 지목받기도 하였습니다. 이처럼 시장 경제에서는 인간의 노동이 상품으로 혹사당하거나 아니면 많은 노동자들이 실업의 문제로 고통을 겪게 되었습니다. 결국 시장 경제에서 인간은 기존의 사회적 보호의 혜택을 잃은 채 사회적 일탈의 희생물이 되었습니다.

노동과 함께 사회를 존재하게 하는 환경이 바로 자연입니다. 시장 경제는 자연도 파괴하였습니다. 토지와 노동은 불가분의 관계를 가

집니다. 예부터 인간은 토지를 터전으로 공동체를 조직하고 생산 활동을 하였습니다. 그래서 토지는 인간의 삶에 안정감을 주는 중요한 조건이었습니다. 하지만 시장 경제는 인간과 자연을 분리시키고 부동산 시장을 형성하였습니다.

그 결과 자연의 기능은 훼손되었습니다. 환경 오염으로 더 이상 아름다운 환경을 기대하기 어렵게 되었지요. 더불어 식량을 생산할 능력도 상실하였습니다. 또한 토지의 상품화는 그 생산물의 상품화도 가져오게 되는데, 이 과정에서 생산물의 가격은 인간의 생존에 큰 영향을 주게 됩니다. 이런 토지의 상품화는 농업 종사자를 대폭 줄게 하였고 그 결과 사회 전체의 안정성을 크게 위협하게 되었답니다.

화폐도 오랫동안 경제의 매개 수단으로서 그 역할을 해 왔습니다. 시장 경제 이전의 화폐는 생산된 것이 아니라 은행이나 국가를 통해 창출된 것에 불과했습니다. 이런 화폐는 구매력을 증명할 필요가 있는 신용 관계에서 사용되도록 생산과 소비 담당자에게 제공된 것이었습니다. 예컨대 향료를 구입하고 싶은 상인은 금으로 바꿀 수 있는 화폐를 향료 생산자에게 주는 것입니다. 향료 생산자는 향료를 무역상에게 제공한 후 화폐를 가지고 은행에 가서 금을 받을 수 있는 것이지요. 또 농기구를 생산하는 수공업자에게 상인은 화폐를 주고 물건을 주문합니다. 물건이 완성되고 난 후 수공업자는 그 화폐를 가지고 은행에 가서 금이나 은으로 바꿀 수 있습니다. 이처럼 화폐는 상품 거래 관계에서 지불을 보증하는 수단으로 생산자와 소비자에게 제공되는 것이었습니다.

하지만 시장 경제에 상응하는 통화 제도인 금본위제가 만들어지자 상황이 달라졌습니다. 금본위제는 통화량을 금의 양에 맞추는 것입니다. 금의 양이 많아지면 통화량이 많아지고, 반대로 금의 양이 적어지면 통화량도 적어지는 식의 등가 관계를 유지시키는 제도이지요. 이렇게 화폐 시장에도 자기 조정 시장 원리가 적용되면서 자본가 역시 불완전한 상황에 놓이게 되었습니다. 통화량의 부족이나 과잉 공급으로 기업들이 주기적으로 파산할 수 있게 된 것입니다.

악마의 맷돌로부터 사회를 보호하라

자기 조정 시장 원리에 따라 시장 경제가 사회를 해체시켜 버렸지만, 이에 대해 사회가 그대로 순응한 것은 아닙니다. 사회의 해체는 사회적 저항을 야기하였고, 그 결과 자기 조정 시장 원리는 그대로 유지되기 어렵게 되었답니다. 즉, 노동과 자연을 보호하려는 사회적 저항은 자기 조정적 시장에 대해 개입하도록 하였습니다. 그 결과 정치적 과정을 통해 노동과 자연을 보호하려는 각종 입법들이 등장하기도 하였습니다.

악마의 맷돌로 표현되는 시장 경제 하에서 사회를 보호하려는 움직임이 없었다면 현재 인간과 사회는 존재할 수 없었을지도 모릅니다. 현실을 무시하고 자기 조정 시장이라는 논리로 세상을 인위적으로 바꾸려고 했기 때문에 이런 보호의 움직임이 생겨날 수밖에 없었지요. 삶의 터전이었던 자연이 파괴되고 삶이 훼손되는 터에 이에 대한 저항은 어쩌면 당연하다고 할 수 있습니다. 현실을 무시하고, 상품이 아닌 것을 상품으로 만들어 낸 자기 조정적 시장의 내재적 모순이 이런 저항을 불렀지요.

자기 조정 시장으로부터 사회를 보호하려는 움직임은 노동 시장, 토지 시장, 경제 시장에 대한 개입의 방식으로 나타났습니다.

노동과 관련된 사회 보호 운동은 크게 두 가지로 전개되었습니다. 먼저 공장법 등과 같은 사회법이 마련되었

공장법
공장 노동자들의 최저 취업 연령, 근무 시간 준수 등의 노동 조건을 개선시키기 위해 만들어진 법입니다.

사회법
현대 복지 국가에서 중요시하는, 국민의 인간다운 삶을 보장하는 법을 말합니다.

고, 다른 하나는 노동 운동이었습니다. 1834년 '스핀햄 랜드 법'의 폐지 이후 이 법의 폐지로 인해 발생하는 문제를 해결하기 위한 사회법을 마련하려는 것이었습니다. 노동 운동은 노동자들의 정치적 권리를 확보하고 노동조합 활동을 합법화하는 방향으로 전개되었습니다. 그 결과 노동조합과 노동자를 대변하는 정당이 노동을 보호하는 역할을 수행하게 되었습니다.

토지와 관련해서는 토지의 상품화가 전개되었습니다. 귀족들의 주도로 인클로저(enclosure) 운동이 시작되자 왕과 성직자들은 공동체를 유지하려고 노력했습니다. 하지만 19세기 중반에 계약의 자유가 사회적으로 확대된 뒤에는 토지에 대한 보호 운동이 주로 지역 공동체의 이익을 대변하고 있던 지주들에 의해 수행되었습니다.

화폐 시장의 경우 금본위제는 자유 무역의 확대를 위해 필요했지만 국내의 안정된 통화량 조절에는 적절하지 못했습니다. 물가 상승으로 인한 불안을 해소하기 위해서 국가에서 경제가 성장한 정도나 상품의 거래량보다 낮게 금의 증가 수준을 유지하자, 그 결과 통화가 부족해져서 기업은 손실을 감수해야 했습니다. 이로 인해 통화량 부족에 대한 불평이 나오자 중앙은행이 화폐를 공급하는 새로운 방식을 도입하게 되었습니다.

이처럼 시장 경제의 자기 조정 시장 원리는 역사적으로 제대로 작동하지 못하였습니다. 현재도 공공재의 부족, 환경 오염 문제, 불황,

실업, 인플레이션 등과 같은 여러 가지 문제를 야기하고 있답니다.

하지만 경제적 자유주의자들은 자기 조정 시장의 불완전성이 야기하는 문제를 국가나 사회의 개입과 규제 탓이라고 책임을 넘겨 버리기도 합니다. 이들은, 조금만 시간을 주면 시장이 스스로 문제를 해결하고 균형에 도달할 수 있는데 국가나 사회가 개입함으로써 오히려 더 큰 문제를 야기할 수 있다고 주장합니다. 그들은 국가와 사회의 개입을 외부의 개입으로 취급하지요. 또한 국가나 사회의 개입을 강조하는 사람들을 사회주의자나 전체주의자로 부르기도 합니다.

하지만 사회 보호 운동은 사회 내에서 자기 조정 시장의 사회 해체 현상에 대해 자발적으로 저항하는 현상이지 시장 외부나 이념 때문에 발생하는 것이 아닙니다. 즉, 사회 보호 운동은 자기 조정 시장 원리가 내재적으로 지니고 있는 약점과 위험으로 인해 발생한 것입니다.

이런 차원에서 사회 보호 운동은 특정 집단의 경제적 이익이나 계급 투쟁과는 다른 문제입니다. 사회 보호 운동은 인간 존엄성 파괴에 대해 자기를 보호하고자 하는 사회 전체의 요구를 담고 있습니다.

이와 같이 19세기 시장 경제가 전개되는 과정에서 시장의 확대와 사회를 시장으로부터 보호하려는 저항이 동시에 진행되었습니다. 시장 경제가 사회를 해체하고 파괴하려고 했다면, 이에 대한 사회 보호 운동은 자기 조정 시장의 기능을 훼손하는 것이었습니다. 그 결과 시장을 확대하려는 사람들과 시장으로부터 사회를 보호하려는 사람들 사이에 긴장 관계가 존재하게 되었습니다.

시장과 사회의 구조적 긴장

사회와 국가의 간섭과 규제를 벗어날 수 있는 자기 조정 시장이라는 것은 존재할 수가 없습니다. 오히려 자기 조정 시장 원리를 앞세워 사회로부터 분리되려고 했던 시장 경제 체제는 사회와 긴장 관계를 만들어 냈답니다. 자기 조정적 시장이 사회를 해체하려고 하면, 사회는 자기 조정적 시장으로부터 사회를 보호하고자 합니다. 이처럼 자기 조정적 시장은 사회 해체 운동과 사회 보호 운동이라는 이중 운동을 발생시키고 있습니다. 이런 이중 운동이 발생하는 것은 자기 조정 시장이 가지고 있는 내재적 모순 때문으로, 사회와 국가의 간섭 및 규제가 원인이 아닙니다.

따라서 시장 경제는 자기 조정적 시장 원리에 따라서만 이루어지지 않았습니다. 항상 사회적 저항으로 인한 정치적 간섭과 규제를 받았습니다. 때로는 이런 간섭과 규제가 완화되었고 때로는 강화되었을 뿐입니다. 예컨대 사회 복지를 강조하는 국가들은 자기 조정적 시장에 대해서 엄격하게 규제하고 관리합니다. 하지만 사회 질서를 유지하고 개인의 재산권을 보호하는 것을 국가의 유일한 임무라고 여기는 국가들은 시장에 간섭하거나 규제하지 않고 최대한 자기 조정 시장에 모든 경제 문제를 맡기려고 합니다. 이처럼 상반되는 입장들이 사회와 국가에 존재하기 때문에, 어떤 정치인이 정부를 운영하느냐에 따라 자기 조정 시장 원리의 실현 정도는 차이를 보입니다. 때로는 자기 조정 시장을 사회와 국가로부터 분리시키려는 입장과 사회와 국가에 포함시켜 감독 및 관리하고자 하는 입장이 갈등하기도 합니다.

이처럼 시장 경제를 강조하는 사람들과 시장 경제로부터 사회를 보호하려는 사람들 사이의 갈등이 충돌하면서 사회적 긴장 관계가 나타났습니다. 이런 긴장 관계에서 나타난 사회 보호 운동은 자기 조정 시장 기능을 훼손시켰습니다. 이런 훼손은 시장 경제와 무관하게 일어나는 일들이 아닙니다. 바로 시장 경제가 가지고 있는 내재적인 불안정성 때문에 발생하는 것이지요.

자기 조정 시장에 대한 훼손은 특히 노동 시장, 토지 시장, 화폐 시장에 대해서 발생하였습니다. 이는 자기 조정 시장이 노동, 토지, 화폐와 같은 허구적 상품들에 바탕을 두기 때문입니다. 이 상품들은 주로 정치와 법의 영역에서 다루어지는 경우가 많은데, 그 결과 시장 경제는 정치와 분리되기보다 정치와 결합되었습니다.

시장에 대한 개입은 노동의 경우 노동자들의 정치적 활동과 사회법 제정에 따라 이루어집니다. 또한 토지는 주로 농산물에 메기는 수입 관세를 통해서 이루어지지요. 이런 사회의 자기 보호 시도로 인해 생산과 노동은 관세, 조세, 사회법 등 비시장적 요소에 의존하게 되었습니다.

이런 과정에서 계급적 이해관계가 드러나기도 하였습니다. 생활 필수품인 농산물의 경우 대다수의 노동자들은 농산물 가격 상승에 반대합니다. 반대로 농민들은 노동자들에게 유리할 수 있는 농산물 수입 확대를 반대하지요. 이렇게 계급적 이해관계가 충돌하는 가운데 계급 상호 간에 동맹이 형성되기도 합니다.

예컨대 농민들은 수입하는 농산물에 높은 관세를 부과하거나 정부로부터 많은 보호 대책을 요구하게 됩니다. 이때 수입 농산물에 관세를 부과하게 되면 더 높은 가격에 농산물을 구매해야 하는 노동자들은 임금 인상을 요구하게 되겠지요. 기존의 소득에 비해 더 많은 생활비가 필요하기 때문이에요.

이 과정에서 임금을 인상해야 하는 자본가들은 일부 이윤을 포기할 수밖에 없는 상황이 됩니다. 자본가에게 임금은 곧 비용이니까요. 때문에 더 많은 이윤을 확보하기 위해 자본가들 역시 수입되는 공산품에 대한 높은 관세를 요구하게 됩니다. 그러면 상대적으로 자신들의 물건을 더 많이 판매할 수 있어 더 많은 이윤을 확보할 수 있기 때문입니다. 결과적으로 농민들과 자본가들은 관세 부과를 지지하며 정치적으로 동맹을 형성하는 방식으로 자기 조정 시장에 개입하게 되는 것입니다.

이와 같은 형태의 시장 개입이 보호주의입니다. 보호주의는 시장 경제의 자기 조정 기능을 크게 훼손하였지요. 또한 시장에서의 경쟁보다는 독점을 야기하기도 하였습니다. 이로 인해 시장에서의 자율성과 경쟁은 점차 감소되었습니다. 개인은 점차 조직으로 대체되었고, 노동과 자본은 점차 비경쟁적 단위로 조직화되기도 하였습니다. 그 결과 자기 조정적 시장이 제대로 작동하지 못하는 경우가 발생하기도 하였습니다.

이와 같은 시장 경제의 이중 운동의 모순은 사회의 자기 보호 과정에서 드러나는 계급 갈등으로 나타나거나, 시장에 대한 보호 조치와 시장 체제 간의 구조적 긴장으로 나타나기도 합니다.

이 두 가지 현상은 서로 긴밀하면서 순환 관계에 있습니다. 계급 갈등 문제를 해결하기 위해서 제도가 만들어지고, 그 제도가 다시 계급 갈등을 유발하면 개선으로 이어지게 됩니다. 이처럼 시장 경제에서는 정치와 경제가 제도적으로 구분되면서도 결국 정치가 경제에 종속됩니다. 즉, 경제 영역에서 발생한 계급 간 갈등은 정치 영역으로 넘어가고, 다시 시장에 대해 정치적으로 개입하면서 시장을 훼손하게 되는 것입니다.

이처럼 19세기의 상황은 시장 경제의 이중 운동의 결과라고 할 수 있습니다. 허구적 상품들에 대해서는 시장에 개입을 해서라도 상품화를 제한하는 보호 운동이 전개되었습니다. 반면 허구 상품이 아닌 진짜 상품에 대해서는 자기 조정적 시장이 확대돼 나가는 과정이 나란히 전개되었습니다. 이 과정에서 시장은 전 세계적으로 퍼져 나갔고 시장에 나오는 상품의 양은 엄청나게 늘어났습니다. 또한 다른 한편에서는 노동·토지·화폐 시장에 개입하는 법률과 정책이 통합적으로 시행되었습니다. 금본위제에 따라 세계 무역 시장은 엄청나게 확대되었지만, 사회 보호 운동이 일어나 시장이 경제를 통제하여 사회를 파괴하려는 경향에 대해 맞서 싸우기도 하였지요. 19세기를 한마디로 요약하면, 사회가 시장 경제 체제의 파괴적 속성에 맞서 스스로를 보호했던 시기라고 할 수 있습니다.

19세기가 끝날 무렵 보통 선거가 보편화되면서 노동 계급은 국

가에 큰 영향력을 행사하게 되었습니다. 한편 법 제정을 일방적으로 좌우할 수 없게 된 자본가 계급은 생산의 주도권에 자신들의 정치적 권력이 있음을 알게 됩니다.

이렇게 권력이 기묘하게 나눠져도 시장 체제가 큰 긴장이나 무리 없이 계속 작동하는 한 어떤 문제도 발생하지 않습니다. 하지만 시장 체제 자체에 본질적으로 내재한 이유들로 인해 평화가 깨지는 순간 사회 자체가 위험에 빠지게 됩니다. 왜냐하면 한쪽은 정부와 국

파시즘을 주도한 이탈리아의 정치인 베니토 무솔리니

파시즘

1919년 이탈리아의 무솔리니가 주장한 국수주의적·권위주의적·반공적인 정치 운동을 말합니다. 이 흐름에서는 개인도, 민주주의도 인정되지 않으며 사회는 기계적으로 운영됩니다.

가를, 그에 맞서는 쪽은 경제와 생산을 권력의 거점으로 만들어 격렬하게 대립할 수 있기 때문입니다.

이처럼 사회에서 핵심적인 정치적 영역과 경제적 영역이 각각의 계급 이익을 위한 투쟁의 무기로 사용되면 사회는 서로를 파괴하려는 교착 상태에 놓이게 됩니다. 이런 상태에서 20세기가 도래하고 이때 등장한 것이 파시즘이었습니다. 시장 경제의 내재적 모순이 야기하는 극단적 갈등과 대립이 인간과 사회는 없고 기계적인 생산과 분배만이 작동할 수 있는 파시즘을 낳은 것입니다. 이처럼 개인의 자유와 이익을 증진하기 위해 민주주의를 요구했던 시장 경제는 그 내재적 모순으로 민주주의 자체를 파괴하기도 합니다.

차티스트 운동

차티스트 운동(Chartist Movement)은 19세기 영국 노동자 계급의 선거법 개정 운동을 말합니다. 당시 영국 사회에서는 산업 혁명의 결과 생산력이 비약적으로 증가했음에도 불구하고 빈부의 격차는 더욱 확대되었어요. 노동자들은 산업의 기계화에 따라 오히려 장시간 노동과 저임금에 시달려야 했고, 어린이와 여자까지 혹독한 조건 아래서 노동을 강요당했지요.

이러한 상황에서 노동자들은 기계에 대한 적대감을 기계 파괴 운동(Luddite Movement)으로 표출하기도 했습니다. 그러나 나중에는 자신들의 이익을 대변할 수 있는 정치권력의 필요성을 깨달아 자신들의 대표를 의회에 세우기 위해 선거권을 요구하게 되었어요. 초기에는 산업 부르주아 계층이 선거법 개정에서 선거권을 부여받는 등 큰 성과를 거둔 반면 노동자들은 실질적으로 얻은 것이 별로 없었지만, 노동자들은 스스로의 권익을 옹호하기 위해 독자적인 운동을 꾸준히 전개했습니다.

이 운동의 중심 세력은 신흥 도시의 산업 노동자로, 이들은 서명 운동, 집회와 행진, 파업 등을 계속 시도했으나 의회는 이를 거부했습니다. 운동 당사자들은 조직 면에서 미숙함을 드러냈고, 1840년대 영국의 경기가 회복되면서 기세가 꺾이기도 했어요. 그러나 끊임없는 요구 끝에 1918년에는 그들의 정치적 요구 사항이 대부분 의회의 법령으로 실현되었습니다.

토지, 노동, 화폐를 상품으로 만든 자기 조정 시장은 사회의 해체를 가져왔습니다.

일하지 않는 자, 먹지도 말라! 넌 오늘부터 나가서 돈을 벌어 와!

이런 현상이 벌어지자 자기 조정 시장으로부터 사회를 보호하려는 움직임이 일기 시작했습니다.

노동자들의 권리를 보호하기 위해 노동조합 활동을 합법화한다.

탕 탕

하지만 경제적 자유주의자들은 이러한 개입에 반대합니다.

가만두면 시장이 스스로 문제를 해결한다고! 국가가 자꾸 끼어들면 더 큰 문제가 생긴다니까!

이처럼 시장 경제의 자율성을 고집하는 사람들과 시장 경제로부터 사회를 보호하려는 사람들은 끊임없이 갈등을 일으켰습니다.

시장은 가만히 두면 균형을 찾게 되어 있어! 이리 와!

무슨 소리! 자연이 파괴되고 인간이 물건처럼 전락해 버렸는걸. 시장은 스스로 제 기능을 할 수 없어! 이리 와!

이런 극심한 갈등은 20세기가 도래하면서 파시즘으로 이어지게 되었습니다. 시장 경제의 내재적 모순이 드러난 대표적인 사건이라고 할 수 있지요.

인간 존엄? 그게 뭔데? 그냥 내가 시키는 대로 따라 하면 된다고!

새로운 대안의 모색

자기 조정 시장의 원리가 현실에서 그대로 실현되지 못하는 것은 자본주의가 가지는 한계점 때문입니다. 이것은 스스로 문제를 해결하고 경제를 조정할 수 있다는 시장 경제 체제 원리가 허구라는 것을 알 수 있는 근거가 됩니다. 존재할 수도 없고 존재한 적도 없는 완벽한 시장 경제의 허구성에 대해서 배워봅시다.

존재할 수 없는 시장 경제의 허구성

지금까지 설명한 것과 같이 시장 경제가 자기 조정 시장 원리를 통해 인류를 유토피아로 인도할 수 있다는 주장은 허구입니다. 자기 조정 시장 원리를 토대로 시장 경제를 실현하려는 움직임은 사회 해체와 함께 시장에 대한 사회의 저항 운동을 야기하였습니다. 그 결과 자기 조정 시장 원리를 그대로 실현하지 못하였어요.

이처럼 시장과 사회의 이중적인 운동으로 자유방임적인 시장 경제가 실현되지 못한 것은 자기 조정 시장 원리가 가지고 있는 내재적 한계 때문입니다. 시장이 완벽하게 실현되지 못하는 것은 국가나 사회의 간섭과 규제를 없애는 시장 개혁이 부족해서가 아니라는 것입니다. 결국 자기 조정적 시장을 속성으로 하는 시장 경제는 도달할 수 없는 유토피아라고 할 수 있습니다.

애덤 스미스는 노동 분업을 근거로 어떤 물건을 다른 물건과 교역하고 거래하며 교환하려는 것이 인간의 본성이라고 주장하였습니다. 그래서 경제적 자유를 강조하는 사람들은 인류의 역사에서 시장 경제가 가장 자연스러운 제도라고 주장합니다. 하지만 이런 주장은 역사적으로나 인류학적으로나 근거가 없는 것입니다.

시장 경제는 산업 혁명을 계기로 등장한 기계제 산업으로 인한 근대적 산물에 불과합니다. 교역과 거래의 발전을 통해 사회의 주된 경제 제도가 된 것이 아닙니다. 시장 경제가 자리 잡은 것은 국가의 의도적인 정책 덕분이었지요. 당시 시장 경제를 주장한 사람들은 자유방임을 주장했는데, 그 주장 뒤에는 이를 뒷받침하는 국가의 지원이 자리 잡고 있었던 것입니다.

기계제 산업의 시대에는 지속적인 생산 요소 공급이 필요했고 그에 따라 노동, 토지, 화폐라는 생산 요소를 상품화시킬 필요가 있었습니다. 그 결과 노동, 토지, 화폐라는 허구적 상품이 등장하였고 자기 조정적 시장 체제가 확립된 것입니다. 결국 시장 경제는 허구적 상품 시장과 진짜 상품 시장이 유기적으로 연결된 총체적인 것입니다. 이 시장 체제에서는 시장 스스로 생산과 분배를 조정하고 방향을 정하는 자기 조정적 시장 기제가 작동합니다.

하지만 자기 조정적 시장에 근거한 시장 경제는 결코 달성할 수 없는 허구일 뿐입니다. 사회에 포함되어 있던 경제가 이탈하면서 사회의 안정성을 위협하고 불안정을 심화시키기 때문입니다.

이렇게 자기 조정적 시장으로 인해 사회가 파편화하고 붕괴할 위험

에 처할 때 바로 사회를 보호하려는 운동이 일어납니다. 시장 경제에서는 자기 조정적 시장의 원리를 확대하려는 경향과 이런 경향에 맞서 사회를 보호하려는 경향이 함께 발생하는 이중 운동이 일어나는 것입니다.

노동 시장에서는 노동을 보호하려는 사회법이 제정되고, 노동조합과 노동자 정당이 활동을 전개하였습니다. 토지를 시장의 법칙에 내맡기지 않고 지역적인 차원에서 보호하려는 입법이 나타나기도 했습니다. 국제 교역 시장에서는 금본위제가 해체되어 버리고 각국이 통화량을 관리하게 되었습니다. 결국 자기 조정적 시장은 1929년

대공황을 계기로 무너졌고 이런 문제를 폭력적으로 해결하려는 파시즘이 등장하기도 했습니다.

이후 시장 경제는 정치와 사회의 개입을 받고 있습니다. 때로는 이런 개입이 약화되기도 합니다. 이런 개입이 약화될 때 양극화 문제, 실업 문제, 환경 문제 등과 같은 각종 사회 경제적 문제들이 발생합니다. 이처럼 완벽하게 스스로 작동하는 자기 조정적 시장은 제대로 실현되지 않고 있습니다. 자기 조정적 시장을 관철시키려는 움직임과 이 움직임을 봉쇄하려는 움직임 사이에 긴장 관계가 상존하면서 불완전한 자기 조정 시장이 유지되고 있을 뿐입니다.

이처럼 자기 조정 시장을 근거로 하는 시장 경제는 존재할 수도 없고 존재한 적도 없었습니다. 시장 경제 사회 이전에 존재한 시장도 자기 조정적 시장이 아니었습니다. 호혜, 재분배, 교환의 세 가지 형태가 있었을 뿐이지요.

호혜
서로 특별한 혜택을 주고받는 일을 의미합니다.

시장 경제가 만들어 내는 사회

이처럼 자기 조정적 시장을 근거로 하는 시장 경제가 존재할 수 없음에도 불구하고 현재 우리 사회를 주도하고 지배하는 것은 시장 경제입니다. 국가는 시장 경제를 위해 노동 보호, 통화량 조절, 경제 조절, 외국 기업 유치 등의 다양한 활동을 합니다. 음악, 미술, 연극, 영화, 소설 등과 같은 문화 역시 돈 되는 것과 돈이 되지 않는 것으로 나뉘어 취급받고 있습니다.

그래서 최근에는 문화 산업이 매우 중요하게 되었습니다. 시장 경제 하에서는 교육과 학문도 경제로부터 자유롭지 못합니다. 심지어 신앙의 목적도 물질적 이익을 극대화하는 차원에서 이루어지기도 합니다. 이제 경제는 사회를 위해 존재하는 것이 아니라 사회가 경제를 위해 존재하는 것으로 바뀌었습니다.

이런 현상이 나타나게 된 것은 경제가 인간의 일상을 지배하면서부터입니다. 우리가 생활에서 필요로 하는 모든 것들은 임금을 통해서만 얻을 수 있기 때문에 보통 사람들은 일자리와 임금에 절대적으로 의존하고 살아갑니다. 임금이 없이는 생존이 불가능하게된 것입니다.

임금은 생산과 분배를 담당하는 기업이 분배합니다. 대량 생산을 가능하게 하는 기계의 발명으로 생산과 분배를 담당하는 것은 사회가 아니라 기업이 되었기 때문입니다. 하지만 기업 역시 기업 소유자의 이익을 극대화하는 것을 목표로 생산과 분배를 결정하려고 합니다. 이윤을 극대화하기 위해서는 최소 비용으로 최대 이익을 만들어야 합니다. 이때의 비용에는 일한 사람에게 지불되는 임금도 포함됩니다. 또한 토지를 제공하는 사람과 돈을 빌려 주는 사람들에게 지불하는 지대와 이자도 비용입니다.

대체로 임금에 의존하는 대부분의 사람들은 토지를 빌려 주거나 돈을 빌려 줄 수 있는 사람이 아닙니다. 시장에서 토지를 빌려 주거나 돈을 빌려 줄 수 있는 사람은 사회적 강자이지만, 노동을 제공하는 사람은 대부분 상대적으로 사회적 약자입니다. 따라서 노동을 제공하는 사람들은 임금에 의존할 수밖에 없는 수동적인 존재가 되는 것입니다. 이 과정에서 일할 능력이 부족한 노인이나 장애인들은 사회에서 배제됩니다. 또한 상황에 따라서 기업은 비정규직을 만들어 내기도 합니다.

시장 경제 하에서 임금을 포함한 소득은 사회 계층을 결정하는데 큰 영향을 끼칩니다. 계층에 따라 소비 패턴이 서로 다르기 때문에 사는 집, 먹는 음식, 입는 옷 등은 사회 계층을 구별하는 기준이 되기도 하지요. 이런 차이는 바로 소득에 가장 큰 영향을 받기에 사람들은 더 많은 소득을 확보하기 위해 각자 최선을 다하게 됩니다.

이러한 이유로 노동을 제공하는 사람 외에 예술가, 문학가, 음악가, 교육자 등 생산과 관계없어 보이는 사람들도 소득을 최고의 가치로 여길 수밖에 없는 상황이 되었습니다. 소득을 얻기 위한 활동은 이제 생존을 넘어선 문제가 되었으며, 그 결과 개인은 시장 경제에 갇힌 존재가 되었습니다.

새로운 경제적 상상력

21세기의 시장 경제 체제는 사회 제도로서 더 이상 제 역할을 해 내지 못하고 있습니다. 빈번한 경제적 침체를 야기하였고, 사람들이 미

래에 대한 불안을 갖도록 하고 있습니다. 또한 비물질적 가치보다는 물질적 가치를 중시하는 사회와 개인을 만들어 내기 위해 경제적 인간에 대한 가정을 신화화시켜 사람들의 의식을 지배하고 있습니다. 그렇다면 우리에게 지금 필요한 것은 무엇일까요? 바로 현재의 시장 경제가 우리의 진정한 행복을 위해 바람직한 제도인지에 대한 비판과 그 대안을 모색하는 새로운 상상력이 필요합니다.

시장 경제가 만들어 내는 많은 모순에도 불구하고 여전히 새로운 경제적 상상력이 발휘되지 못하는 것은 시장 경제에 각 개인이 갇혀 있기 때문입니다. 시장 경제라는 제도가 지닌 모순과 그로 인해 야기되는 현상들을 통해서 우리는 새로운 경제적 상상력을 발휘해야 합니다. 자기 조정 시장에 근거를 둔 시장 경제가 이제 많은 한계를 노출하고 있기 때문입니다.

경제 제도는 사회의 유지와 개인의 발전을 위해 존재하는 것이어야 합니다. 하지만 현재의 시장 경제는 개인의 자유를 축소시키고, 실업이나 파산 등으로 생존이 위협받을지도 모른다는 공포감을 느끼게 하고 있습니다. 경기 침체의 반복, 화폐 가치의 변동, 대량 실업 등으로 사람들의 일상은 매우 불안정한 상태입니다. 이런 사회에서 다른 사람의 자유와 복지를 존중하고 상호 간의 연대를 증진시킬 수 있는 공동체를 기대하기는 어렵습니다.

시장 경제가 인위적으로 만든 가치와 논리들은 현재 우리 사회에서 견고하게 사람들의 의식 속에 자리 잡고 있습니다. 하지만 시장 경제에 대한 우리의 태도와 인식이 바뀌지 않는 이상 사회를 위해 존재하는 경제를 기대하기는 어렵습니다. 따라서 시장 경제가 인위적으로 만들었던 경제적 인간, 경제적 합리주의, 희소성이라는 상황, 자기 조정 시장의 개념 등을 비판적으로 인식하고 극복할 수 있는 상상력이 필요한 것입니다.

우선 시장 경제를 만들어 낸 기계제 생산 방식의 문제점부터 인식해야 합니다. 기계가 생산을 주로 담당하면서 사람들은 기계 옆에 서 있는 부수적인 생산 주체가 되었습니다. 이런 부수적인 생산 주체는 매일 똑같은 일을 반복합니다. 지루함을 느끼지만 생존 때문에 계속 기계 옆에서 단순 노동을 반복할 수밖에 없는 것입니다.

인간이 다양한 만큼 일을 하는 동기도 저마다 다양합니다. 어떤 사람들은 하루에 여러 가지 일을 하고 싶어 합니다. 노동의 동기는 단순히 생존을 위한 것이 아니라 여러 가지 가치와 유희와도 관련되어 있기 때문입니다. 예컨대 사랑을 위해서, 효도를 위해서, 사회를 위해서, 어떤 가치를 위해서, 즐거움을 위해서 등 매우 다양합니다. 따라서 이런 다양한 노동의 동기를 발견하고 인정해 주는 것이 필요합니다.

하지만 기계적 생산 방식만 고집했을 때 이런 노동의 다양한 동기는 고려될 수 없습니다. 오직 효율성과 합리성만 강조되어 경제적 합리주의가 타당한 것으로 인식되고, 그렇지 않은 경우에는 비합리적이고 비효율적인 것으로 취급당합니다. 그 결과 타인들과의 연대와 교류를 위한 활동, 박애와 평화를 위해 행해지는 활동, 사회적 소수자를 위한 사회적 배려 활동, 부모님께 효도하는 활동 등이 경제적 활동보다 못한 것이 되어 버립니다. 물적 가치가 사회의 최고 가치가 되는 것이지요.

이런 문제를 극복하기 위해서는 경제적 인간이 처한 희소성이라는 상황을 극복해야 합니다. 희소성이라는 상황을 극복하기 위해서는 개인의 물질적 욕망을 제어할 수 있어야 합니다. 그럼으로써 경제라는 것이 바람직한 공동체와 인간의 자유 실현을 위해 존재해야 한다는 제도 본연의 지위를 갖도록 해야 합니다.

이를 위해서는 민주적인 시장 통제가 필요합니다. 이 통제를 통해 경제가 공동체와 인간에게 봉사하는 제도가 되도록 해야 합니다. 더불어 시장 경제 체제에 호혜, 재분배 등이 섞여 들어가야 합니다.

아직 자기 조정적 시장에 대한 광범위한 통제가 실현되고 있지는 않지만, 자기 조정적 시장을 훼손시키는 현상들은 점차 나타나고 있습니다. 예를 들어 요즘 우리 사회에서 강조되는 기부 문화는 호혜적 차원의 실천이라고 할 수 있습니다. 또한 결식 아동 돕기, 구호 단체의 활동 등은 재분배입니다. 교환은 공정 무역에서 발견할 수 있습니다.

공정 무역
시장 경제에서 밀려난 지역에 대해 공정한 가격을 지불하고 그들의 생존과 생산 기회를 보장하려는 방식을 말합니다.

이런 호혜, 재분배, 교환의 경제가 실현되도록 하기 위해서는 시장 경제가 인위적으로 만들어 낸 의식을 벗어나는 경제적 상상력이 필요합니다. 이때의 상상력은 경제를 사회 제도답게 만들 수 있도록 하는 것입니다. 생산과 분배 차원에서의 경제는 공동체와 개인의 선을 실현하는 것이어야 합니다. 민주적으로 경제를 통제할 수 있고, 그 결과 경제가 사회 속에 존재하도록 해야 합니다. 경제가 사회로부터 벗어나 자기 조정적 시장의 성격을 가졌을 때 공동체의 경제 문제를 효과적으로 해결해 주지 못했기 때문입니다.

이제는 자기 조정 시장이라는 시장 경제 제도를 제대로 변화시켜야 할 때입니다. 이런 변화를 위해서는 시장 경제라는 경제 제도가 사람들의 의식을 지배하고 있는 현상을 극복해야 합니다. 시장 중심

의 신화에서 벗어나 시장 경제를 변화시킬 수 있는 경제적 상상력이
절실하게 필요한 시대가 온 것입니다.

몬드라곤 협동조합

몬드라곤 협동조합은 에스파냐 바스크 지역 몬드라곤 시에서 1940년대부터 성당 주임 신부인 호세 마리아 아리스멘디아리에타의 주도로 시작된 노동자 생산 협동조합 운동을 말합니다. 1956년 가스스토브와 가스 취사 도구를 만들었던 첫 번째 협동조합 울고가 설립된 이후 점차 거대한 협동조합으로 성장하였어요. 이 몬드라곤 협동조합은 2010년 현재 약 260개 회사가 금융, 제조, 유통, 지식 등 4개 부문을 포괄하는 하나의 기업 집단으로 조직되어 있습니다.

몬드라곤 협동조합이 가진 가장 큰 특징은 특정인 또는 특정 가문이 아니라 회사에서 일하고 있는 노동자들이 조합의 주인이라는 점입니다. 즉, 노동자들이 소유하고 경영자를 선임하여 조합의 회사들을 운영한다는 것이지요. 자, 그럼 몬드라곤의 조합원에게서 그곳의 이야기를 들어 보겠습니다.

▶ 몬드라곤에는 해고가 없습니다. 오히려 해마다 일자리가 늘어납니다.

▶ 경기로 인해 임시 휴직 상태일 때는 평소 월급의 80%를 받습니다. 임시 휴직은 1년을 넘지 않으며, 1년 뒤엔 다른 조합원이 휴직하고 휴직했던 자는 복직됩니다.

▶ 한 개의 기업이 파산했을 때, 그 기업 직원들은 몬드라곤의 다른 조합에서 일하게 됩니다.

▶ 최고 임금이 최저 임금의 10배를 넘을 수 없습니다.

▶ 이사회의 이사들은 모든 조합원들의 투표로 결정됩니다.(많은 지분을 가진 사람이 지배력을 행사하는 일반 기업들과는 다릅니다.)

▶ 다른 회사는 한 명을 위해 일하고 한 명을 부자로 만들지만, 몬드라곤에서는 모두가 부자가 되길 바랍니다.

어떤가요? 쉽게 이해되는 부분도 있고 고개를 갸우뚱하게 되는 부분들도 있지요? 몬드라곤 협동조합원들은 분명 우리가 평소 보는 직장인 또는 기업인들과 다른 방식으로 살고 있습니다. 그렇지요?

여러분은 정말 다양한 꿈을 가지고 있을 것입니다. 일, 가정, 여가 등등 여러 가지 삶의 모습을 상상해 봤을 것입니다. 우리 눈에 흔히 보이는 모습 중심으로만 상상하지 말고 가끔은 몬드라곤 협동조합과 같은 조금은 다른 사회에서의 삶을 생각해 보세요.

공정 무역

여러분, 세계 인구의 3분의 1이 넘는 27억 명이 하루 2달러 미만으로 살고 있다는 사실을 알고 있나요? 1달러 미민으로 하루를 사는 사람들의 수도 10억 명 이상입니다. 세계는 부유해지는데 왜 가난한 사람들은 가난에서 벗어나지 못하고 있을까요? 여러 원인들이 있겠지만 그중에서 공정 무역에 관한 이야기를 해 보려고 합니다.

공정 무역은 현재 이루어지는 세계 무역이 불평등하다는 생각에서 출발합니다. 원료를 만들고 생산하는 쪽보다 그것을 사들이고 상품으로 만들어 파는 쪽에게 일방적으로 유리하게 되어 있기 때문이지요. 원료를 사들이는 쪽은 주로 선진국들로, 무역에서 더 큰 이익을 가져가기 위해 다른 나라로부터 더 값싼 원료와 노동력을 이용하려 합니다. 반면 원료를 생산하는 쪽은 주로 가난하고 정보도 부족한 저개발국이나 노동자인 경우가 많습니다. 이 같은 역학 관계로 인해 무역의 이익이 고르게 분배되지 못하는 것이지요.

이 같은 불평등한 무역 구조의 문제를 해결하려는 대안으로 등장한 것이 바로 공정 무역입니다. 공정 무역에는 다음과 같은 원칙들이 적용되어 불공평한 무역 구조와 관행을 바꾸기 위해 노력하고 있어요.

- 장기적인 거래 관계 : 단기적인 이익보다 장기적인 관계를 중심으로 거래합니다.
- 공정 무역 가격 생산 : 생산자들과 노동자들에게 지속 가능한 가격과 임금을 보장합니다.
- 소셜 프리미엄 : 지역 공동체의 발전을 위한 기금(소셜 프리미엄)을 적립해 사용하도록 합니다.
- 사회적 기준 : 인간다운 노동 조건과 아동과 여성의 인권을 보장하기 위해 노력합니다.
- 환경적 기준 : 생산지의 환경이나 생산자의 건강을 해치지 않는 생산 방식을 추구합니다.

자기 조정적 시장에 근거한 시장 경제는 달성할 수 없는 유토피아입니다.

국가는 시장 경제를 위해 다양한 보호 활동을 벌이지요.

경제가 일상을 지배하면서 마치 경제를 위해 사회가 존재하는 것과 같은 부작용도 나타나게 되었습니다.

경제는 사회의 유지와 개인의 발전을 위해 존재해야 합니다.

그동안 자기 조정적 시장이 극복하지 못한 문제들을 민주적인 시장 통제를 통해 해결해야 할 것입니다.

"시장 경제라는 신화를 벗어날 수 있는 새로운 경제적 상상력이 필요해요"

2007년 전 세계를 불안하게 만든 금융 위기가 발생했습니다. 그 결과 미국의 많은 투자 회사들이 부도 위기에 처하게 되었고 미국 경제가 흔들렸지요. 문제는 미국 경제만 흔들린 게 아니라 가까운 주변 국가들, 태평양 너머에 있는 우리나라를 포함한 아시아 국가들, 대서양 건너 유럽 국가들에까지 그 영향이 미치고 있다는 것입니다.

이처럼 시장 경제 체제는 경제적 세계화를 만들어 가면서 많은 경제적 불안을 야기하고 있습니다. 이런 경제적 불안에는 금융 위기로 인한 돈의 증발과 그 결과로 발생한 경기 침체만이 문제가 아니었어요. 경기 침체로 인해 기업의 생산이 둔화되고 그 결과 분배가 잘 되지 않아 실업과 빈곤 사태를 야기하기도 했지요.

이런 위기 상황은 까닭 없이 발생한 것이 아닙니다. 그 이전에 이미 각 국가들은 세계화라는 상황에서 자국의 노동 여건과 환경을 악화시키면서 외국 투자를 유치하려는 노력을 지속적으로 하였습니다. 그 과정에서 투자를 통해 소득을 분배받는 자산가들과 부동산을 빌려 주는 사람들에 대한 분배가 노동에 대한 분배보다 훨씬 더 커지는 현상이 나타났지요.

그 결과 사람들은 일자리에 대한 공포, 즉 생존에 대한 새로운 공포를 경험하게 되었습니다. 과거에는 적국의 미사일과 총이 사람들의 생존을 위협했다면, 현재는 시장 경제가 만들어 내는 세계화가 사람들의 일상을 위협하고 있습니다.

이런 시장 경제가 만들어 내는 사회 해체 현상에 대해 저항하는 사회적 움직임도 있습니다. 민간 차원에서 공정 거래, 조합 운동, 세계화에 대한 저항 운동 등이 전개되고, 국가 차원에서는 경제 민주화나 복지를 강조하기도 합니다.

하지만 시장 경제의 내재적 모순을 극복하기 위한 새로운 대안에 대한 사회 구성원들의 경제적 상상력은 아직 턱없이 부족합니다. 마르크스도 케인스도 완벽한 대안이 될 수 없을 것입니다. 그렇다고 칼 폴라니가 시장 경제에 관해 완벽한 대안을 제시하고 있는 것도 아닙니다.

하지만 칼 폴라니는 우리에게 시장 경제의 새로운 대안을 모색할 수 있게끔 경제적 상상력을 자극하고 있다는 점에서 그 의의가 상당합니다. 인간은 이기적이고 합리적으로 행동한다는 가정과 자기 조정 시장이라는 원리에 토대를 둔 시장 경제가 사회와 개인에게 어떤 영향을 미치는지를 돌아보게 합니다. 일상에서 사람들이 왜 이렇게

돈을 중시하게 되었는지, 어쩌다 예술도 자본과 결합하여 문화 자본이라는 이름의 옷을 입게 되었는지, 또 어떤 분야에는 국가가 많은 돈을 지원하는데 다른 분야에 대해서는 적은 돈을 지원하거나 아예 지원하지 않는지, 사람들이 왜 저렇게 세계화에 반대하는지, 세계 경제 위기는 왜 빈번하게 발생할 수밖에 없는지, 어째서 임금보다 이자나 지대에 많은 소득이 배분되는지, 우리가 끊임없이 물질을 추구하는데 왜 사회는 행복해지지 않는지 등을 말이지요.

이처럼 칼 폴라니의 이야기는 우리의 의식을 지배하고 있는 시장 경제의 논리를 역사적으로, 인류학적으로, 비판적으로 성찰하게 합니다. 그리고 새로운 경제적 상상력이 필요하다는 점을 알려 주지요.

현재의 시장 경제는 제도로서 안정을 제공해 주지도 못하고 오히려 미래에 대한 두려움을 크게 만들고 있는 상황입니다. 그렇다면 이제 진정으로 우리의 의식을 지배하고 있는 시장 경제 신화를 비판적으로 검토하고 대안을 모색할 수 있는 새로운 경제적 상상력이 필요합니다.

칼 폴라니는 우리에게 비판과 성찰에 바탕을 둔 새로운 경제적 상상력을 주문합니다. 그리고 이런 상상력을 통해 실천하는 진정한 용기를 독려하고 있습니다.

"평범한 시대에 적용할 수 있는 정설을 혼란과 변화의 시대에 그대로 적용할 수는 없다. 우리에게는 새로운 경제적 상상력으로 문제를 해결할 수 있는 정설이 필요하다."

2011년 수능 경제 6번

교사의 질문에 대한 학생들의 답변으로 적절하지 않은 것은?

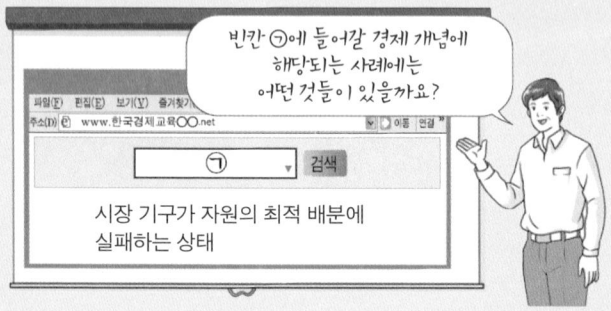

① 갑 : 기업들이 담합하여 가격을 일정 수준에서 동결하는 경우입니다.

② 을 : 경합성과 배제성이 없는 재화가 충분히 공급되지 않는 경우입니다.

③ 병 : 노동 시간은 같지만 생산성이 달라 임금이 차등 지급되는 경우입니다.

④ 정 : 긍정적 외부 효과가 있는 재화가 충분히 공급되지 않는 경우입니다.

⑤ 무 : 오염 물질을 배출하는 기업들이 사회적 비용을 고려하지 않는 경우입니다.

갑과 을의 대화에 대한 설명으로 가장 적절한 것은?

갑 : 계획이 필요하다고 하는 사람들은 아무도 없습니다.
　　시장은 모든 것을 해결할 것입니다.

을 : 개인이 합리적으로 행동해도 전체적으로 반드시 바람
　　직한 결과가 나타나지는 않습니다.

---

① 갑이 을보다 큰 정부를 지지할 것이다.

② 갑보다는 을이 공기업의 민영화에 찬성할 것이다.

③ 갑은 개입주의를, 을은 비개입주의를 지지할 것이다.

④ 외부성 문제는 갑보다는 을 주장의 근거를 강화해 준다.

⑤ 대공황은 을보다 갑의 주장이 설득력을 얻는 계기가 되었다.

다음 글의 ㉠~㉤에 대한 설명으로 옳지 않은 것은?

> 자유 시장 경제를 채택한 대부분의 국가들은 정도의 차이는 있지만 ㉠몇 가지 목표를 위해 시장에 개입한다. 개입주의자들은 ㉡전제 조건들이 충족되면 ㉢시장 기능이 효과적으로 작동하므로 정부가 나서는 것이 불필요하지만, 진제 조건 중 일부가 만족되지 않기 때문에 개입이 필요하다고 주장한다. 즉, 정부의 개입이 없으면 ㉣시장의 불완전성이 자원 배분 메커니즘을 왜곡시켜 ㉤사회 후생 극대화에 실패하게 된다는 것이다.

① 공공재 공급은 ㉠에 해당한다.
② 완전 경쟁은 ㉡ 중 하나에 해당한다.
③ 애덤 스미스에 의하면 ㉢은 '보이지 않는 손'을 통해 이루어진다.
④ 외부 효과에 따른 환경 오염은 ㉣의 사례에 해당한다.
⑤ 개입주의자들은 ㉤이 정부 실패의 결과로 나타난다고 본다.

2011년 수능 경제 6번 답 ③

위에 제시된 빈칸 ㄱ은 시장 실패를 의미합니다. 시장의 실패에는 공공재 공급의 부족, 독과점의 형성, 외부 효과 등이 해당합니다. 갑은 독과점의 형성, 을은 공공재 공급의 부족, 정과 무는 외부 효과를 이야기하고 있습니다. 하지만 병은 생산에 기여한 정도에 따라 차별된 임금을 받은 경우로 시장 실패에 해당한다고 이야기하기 어렵습니다.

2011년 수능 6월 모의 평가 경제 1번 답 ④

갑은 시장이 모든 문제를 해결할 수 있다는 자기 조정 시장의 원리를 지지하는 사람입니다. 따라서 정부의 개입을 최소화하는 작은 정부를 지지할 것입니다. 반면, 을은 자기 조정 시장의 부작용에 대한 우려를 표하고 있으며, 시장 실패가 나타날 수 있음을 지적하고 있습니다. 따라서 정답은 ④번입니다. 외부성은 시장 실패에 해당하므로, 을 주장의 근거를 강화해 줍니다.

2006년 수능 경제 17번 답 ⑤

자유 시장 경제를 지향하는 국가들도 어느 정도 시장에 개입하게 되는데 보통 시장의 불완전성이 그 이유가 됩니다. 공공재를 공급하거나 기업들의 독과점이나 담합을 막기 위한 개입 등이 여기에 해당합니다. 시장의 불완전성은 자원 배분 매커니즘을 왜곡시켜 사회 후생 극대화에 실패하는 경우가 발생하는데, 이것이 바로 시장 실패입니다. 정부가 시장에 개입하는 이유는 자원 배분의 보완이나 경제의 안정화, 소득의 재분배를 위함인데, 만약 이것이 원활히 작동되지 않는다면 이는 정부의 실패에 해당합니다. 따라서 정답은 ⑤번이며, 개입주의자들은 정부 실패가 아니라 시장 실패의 결과로 나타난다고 봅니다.

● 찾아보기

경제학자가 들려주는 경제 이야기 19

악마의 맷돌이 돌고 있어요!
— 칼 폴라니가 들려주는 신화가 된 시장 이야기

© 오승호, 2013

초판 1쇄 발행일 2013년 8월 14일
초판 3쇄 발행일 2020년 6월 22일

지은이　　오승호
그린이　　윤병철
펴낸이　　정은영

펴낸곳　　(주)자음과모음
출판등록　2001년 11월 28일 제2001-000259호
주소　　　04047 서울시 마포구 양화로6길 49
전화　　　편집부 02) 324-2347 경영지원부 02) 325-6047
팩스　　　편집부 02) 324-2348 경영지원부 02) 2648-1311
이메일　　jamoteen@jamobook.com

ISBN 978-89-544-2570-4 (44300)

과학자가 들려주는 과학 이야기 (전 130권)

위대한 과학자들이 한국에 착륙했다!
어려운 이론이 쏙쏙 이해되는 신기한 과학수업,
〈과학자가 들려주는 과학 이야기〉 개정판과 신간 출시!

〈과학자가 들려주는 과학 이야기〉 시리즈는 어렵게만 느껴졌던 위대한 과학 이론을 최고의 과학자를 통해 쉽게 배울 수 있도록 했다. 또한 지적 호기심을 자극하는 흥미로운 실험과 이를 설명하는 이론들을 초등학교, 중학교 학생들의 눈높이에 맞춰 알기 쉽게 설명한 과학 이야기책이다.

특히 추가로 구성한 101~130권에는 청소년들이 좋아하는 동물 행동, 공룡, 식물, 인체 이야기와 최신 이론인 나노 기술, 뇌 과학 이야기 등을 넣어 교육 과정에서 배우고 있는 과학 분야뿐 아니라 최근의 과학 이론에 이르기까지 두루 배울 수 있도록 구성되어 있다.

★ 개정신판 이런 점이 달라졌다! ★

첫째, 기존의 책을 다시 한 번 재정리하여 독자들이 더 쉽게 이해할 수 있게 만들었다.

둘째, 각 수업마다 '만화로 본문 보기'를 두어 각 수업에서 배운 내용을 한 번 더 쉽게 정리하였다.

셋째, 꼭 알아야 할 어려운 용어는 '과학자의 비밀노트'에서 보충 설명하여 독자들의 이해를 도왔다.

넷째, '과학자 소개·과학 연대표·체크, 핵심과학·이슈, 현대 과학·찾아보기'로 구성된 부록을 제공하여 본문 주제와 관련한 다양한 지식을 습득할 수 있도록 하였다.

다섯째, 더욱 세련된 디자인과 일러스트로 독자들이 읽기 편하도록 만들었다.

수학자가 들려주는 수학 이야기 (전 88권)

국내 최초 아이들 눈높이에 맞춘 88권짜리 이야기 수학 시리즈! 수학자라는 거인의 어깨 위에서 보다 멀리, 보다 넓게 바라보는 수학의 세계!

수학은 모든 과학의 기본 언어이면서도 수학을 마주하면 어렵다는 생각이 들고 복잡한 공식을 보면 머리까지 지끈지끈 아파온다. 사회적으로 수학의 중요성이 점점 강조되고 있는 시점이지만 수학만을 단독으로, 세부적으로 다룬 시리즈는 그동안 없었다. 그러나 사회에 적응하려면 반드시 깨우쳐야만 하는 수학을 좀 더 재미있고 부담 없이 배울 수 있도록 기획된 도서가 바로 〈수학자가 들려주는 수학 이야기〉 시리즈이다.

★ 무조건적인 공식 암기, 단순한 계산은 이제 가라!★

- 〈수학자가 들려주는 수학이야기〉는 수학자들이 자신들의 수학 이론과, 그에 대한 역사적인 배경, 재미있는 에피소드 등을 전해 준다.
- 교실 안에서뿐만 아니라 교실 밖에서도, 배우고 체험할 수 있는 생활 속 수학을 발견할 수 있다.
- 책 속에서 위대한 수학자들을 직접 만나면서, 수학자와 수학 이론을 좀 더 가깝고 친근하게 느낄 수 있다.